Como usar
a literatura infantil
na sala de aula

CB000023

COLEÇÃO
COMO USAR NA SALA DE AULA

COLEÇÃO
como usar
na sala de aula

como usar ARTES VISUAIS **na sala de aula**
Katia Helena Pereira

como usar AS HISTÓRIAS EM QUADRINHOS **na sala de aula**
Angela Rama e Waldomiro Vergueiro (orgs.)

como usar A LITERATURA INFANTIL **na sala de aula**
Maria Alice Faria

como usar A MÚSICA **na sala de aula**
Martins Ferreira

como usar A TELEVISÃO **na sala de aula**
Marcos Napolitano

como usar O CINEMA **na sala de aula**
Marcos Napolitano

como usar O JORNAL **na sala de aula**
Maria Alice Faria

como usar O RÁDIO **na sala de aula**
Marciel Consani

como usar O TEATRO **na sala de aula**
Vic Vieira Granero

como usar OUTRAS LINGUAGENS **na sala de aula**
Beatriz Marcondes, Gilda Menezes e Thaís Toshimitsu

Como usar
**a literatura infantil
na sala de aula**

Maria Alice Faria

Copyright © 2004 Maria Alice Faria

Todos os direitos desta edição reservados à
Editora Contexto (Editora Pinsky Ltda.)

Diagramação
Danilo Nikolaïdis

Revisão
Jane Cantu

Projeto e montagem de capa
Antonio Kehl

Dados Internacionais de Catalogação na Publicação (CIP)
(Câmara Brasileira do Livro, SP, Brasil)

Faria, Maria Alice
Como usar a literatura infantil na sala de aula / Maria Alice
Faria. – 5. ed., 6ª reimpressão. – São Paulo : Contexto, 2023.
(Coleção como usar na sala de aula)

Bibliografia.
ISBN 978-85-7244-259-6

1. Crianças – Livros e leitura   2. Literatura infanto-juvenil
3. Pedagogia   4. Sala de aula – Direção   I. Título. II. Série.

04-0762   CDD-371.3

Índice para catálogo sistemático:
1. Literatura infantil : Aplicação em sala de aula :
   Educação   371.3

2023

EDITORA CONTEXTO
Diretor editorial: *Jaime Pinsky*

Rua Dr. José Elias, 520 – Alto da Lapa
05083-030 – São Paulo – SP
PABX: (11) 3832 5838
contato@editoracontexto.com.br
www.editoracontexto.com.br

Proibida a reprodução total ou parcial.
Os infratores serão processados na forma da lei.

SUMÁRIO

Introdução 7

Literatura, literalidade e os livros para crianças e jovens 11

A estrutura da narrativa no texto escrito e no texto visual............23

Articulação do texto com a ilustração..39

A narrativa no livro de imagem 55

A ilustração é maior que o texto 83

Textos de extensão média e as ilustrações......................................93

O texto escrito é maior que a ilustração..105

Uma situação de leitura de narrativa
      por imagens na sala de aula..115

Subsídios para o trabalho em sala de aula 131

Referências bibliográficas de autores e ilustradores....................153

INTRODUÇÃO

Este livro é fruto da permanente inquietação de uma pesquisadora – mas também ávida leitora – de livros de ficção para crianças e jovens: como sistematizar um universo tão peculiar, sem contudo simplificá-lo, para possibilitar à escola o tratamento criativo e inteligente desse tipo específico de literatura?

Em vinte anos de trabalho na área, foram diversas as atividades nas quais buscamos mostrar a importância da literatura infantil e, ao mesmo tempo, tornar os livros mais claros e mais ricos a seus leitores, fossem professores ou crianças. Durante todo esse período, surgiram muitas questões e desafios.

Em primeiro lugar, era preciso enfrentar a falta de pesquisas de caráter didático para a utilização mais aprofundada da literatura infantil e juvenil na escola. Os próprios cursos de Letras demonstram um injustificado preconceito em relação à pesquisa sobre literatura infantil e juvenil. Em muitos casos, o próprio aspecto literário dos textos para crianças é negado, sob o argumento falacioso de que literatura "não tem adjetivo". Ou seja: ou é literatura ou não é. Por esse raciocínio, portanto, não existiria uma "literatura infantil".

Assim, raramente encontramos, nos currículos de Letras, uma disciplina voltada à literatura para crianças e jovens, já que esta acaba não sendo considerada Literatura, assim, com "L" maiúsculo. Hoje, felizmente, por outro lado, há uma luta constante de professores para introduzir o assunto nos currículos de formação dos futuros educadores. Eventualmente, tal matéria figura nos cursos de Pedagogia, onde não existem disciplinas especificamente literárias para lidar com textos de literatura infantil.

Em 1996, Kahori Miyasato, professora da rede pública do estado de São Paulo e nossa orientanda no curso de pós-graduação em Educação da Unesp/Marília, defendeu sua dissertação de mestrado sobre *O papel da literatura infantil no processo da alfabetização*. Neste trabalho, Miyasato analisou o trabalho pedagógico de leitura de livros para crianças, entrevistando professoras alfabetizadoras da rede pública em Pompeia, São Paulo.

Tratava-se, ainda naquela década, de uma maioria de professoras já próximas da aposentadoria e com uma longa prática de alfabetização e leitura de livros para crianças. A pesquisadora observou que, ao longo dos anos de magistério, as professoras haviam construído um roteiro de trabalho para a leitura de narrativas, o qual, embora com muitos acertos, apresentava lacunas importantes, justamente devido à ausência de pesquisa e de orientação na área.

Uma outra preocupação que se revelaria, durante esses vinte anos de trabalho, era a de que quase nenhuma atenção vinha sendo dada às ilustrações dos livros para crianças, além de consequentemente quase não existir no Brasil pesquisas sobre a articulação entre a imagem e o texto escrito. Por isso, iniciei um trabalho nesse sentido nos anos de 1990 e, em 1997, ele chegou a ser tema de um curso de pós-graduação em Educação, na Unesp/Marília.

Em 2001, uma experiência com videoconferência para o programa PEC – Formação Universitária, realizado pela Secretaria de Estado da Educação de São Paulo, com apoio da Unesp, USP e PUC/SP, acabou por ajudar na sistematização de parte de nosso trabalho inicial, convertendo-o neste volume. Nos meses de maio e junho de 2001, fizemos ainda uma série de videoconferências sobre o uso da ilustração na literatura infantil para professores das primeiras séries do Ensino Fundamental, da rede pública estadual de São Paulo.

Cerca de mil docentes das mais diversas regiões do estado assistiram às palestras, em grupos aproximados de cem pessoas. Em lugar de repetir uma mesma apresentação para públicos diferentes, particularizamos o trabalho em cada oportunidade: novos livros de literatura infantil eram tomados como exemplo, surgiam novas dúvidas e descobríamos novos modos de explicar uma ou outra característica. O resultado foi uma densa e dialógica experiência de análise e construção didática.

Transformada agora finalmente em um livro mais sistematizado, essa experiência tem como característica principal a tentativa de expor aqui, com clareza, ideias complexas: Como se estrutura a narrativa para crianças? Qual o papel do texto escrito nessas narrativas? Qual, por sua vez, o papel das ilustrações? Como eles se articulam? Como transformar esses elementos básicos em trabalhos práticos com a leitura de narrativa nas primeiras séries?

Para responder a tais perguntas, abordaremos neste livro dois aspectos básicos da literatura para crianças: a) a ilustração, como elemento constituinte do livro em suas diferentes funções e, em particular, na sua articulação com o texto escrito; b) a estrutura narrativa como uma das "ferramentas literárias" básicas no estudo da literariedade do livro para crianças. Outros aspectos da leitura literária, como o narrador, o ponto de vista, personagens, espaço e tempo, formas e gêneros literários são tratados apenas quando a estrutura narrativa em si, em palavras ou em imagens, o exige. São também básicos no trabalho com a literatura, mas, pela sua especificidade, deverão ser tratados em outra obra, atualmente em fase de formulação.

Fazendo parte da coleção "Como usar na sala de aula", da Editora Contexto, esta obra apresenta um título que inicialmente pode levar à ideia de literatura infantil como objeto utilitário, de uso meramente instrumental. No entanto, a proposta aqui contida não tenciona reduzir a literatura à abordagem pedagógica, mas, ao contrário disso, explorar a capacidade de diálogo e a riqueza de detalhes dos livros para crianças, adotando-se preferencialmente a perspectiva do leitor-professor e sua necessária relação com o leitor-iniciante (o aluno), numa linguagem, esta sim, o mais didática possível.

Pretendemos com este volume oferecer uma obra em que se equilibram o diálogo com os professores e as leituras dos alunos; a informação teórica e nosso próprio envolvimento afetivo com os livros. É assim, uma obra para educadores e pesquisadores. Mas, também, um livro para todos os amantes da literatura para crianças.

LITERATURA, LITERALIDADE E OS LIVROS PARA CRIANÇAS E JOVENS

Um médico pediatra, um psicólogo ou um psicanalista especializados em crianças têm um *status* elevado na sociedade. Já o professor que se ocupa de literatura infanto-juvenil, não, em particular nas academias beletristas e nas Faculdades de Letras. Logo estas que, em princípio, devem formar os professores no trabalho com crianças e adolescentes.

Esta postura, que considera atividade menor o trabalho com a literatura para crianças e jovens em geral (pesquisa, análise, avaliação, usos na escola), tanto no que diz respeito à literariedade desses livros como à (des)importância de sua leitura na escola, tem origem em diferentes causas históricas. Vamos nos restringir aqui à questão da literariedade, que é negada pela academia aos livros para crianças e jovens.

Já comentamos o assunto no livro *Parâmetros curriculares e literatura*, apresentando a posição de vários autores que conferem a esta literatura a mesma importância concedida à literatura erudita. Entretanto, em função da exclusão pela academia da literatura infanto-juvenil do campo da literatura considerada "verdadeira", o estudo da produção para crianças e jovens não consta, na maioria das vezes, dos currículos em cursos de formação de professores.

Assim, Christian Poslaniec, especialista francês que vem há duas décadas lutando na França a fim de que os livros para crianças e jovens sejam considerados literários sem restrições, e por sua inclusão nos cursos de formação de professores de língua materna, afirma com pertinência: "Não é possível aceitar que a literatura para jovens seja considerada como não literária. Ela é apenas não considerada!!".

É, pois, nosso propósito, neste livro, analisar e avaliar alguns aspectos literários de livros para crianças e jovens, centrando-nos em um desses aspectos por considerá-lo mais acessível para alunos da escola fundamental – a narrativa e seus elementos básicos. Nosso objetivo é fornecer, aos professores e animadores de leitura, elementos teóricos e sugestões pedagógicas práticas para a leitura dos livros infanto-juvenis.

Comecemos abordando as propostas atuais da linguística textual sobre textos a serem trabalhados na escola – conforme os Parâmetros Curriculares para o Ensino Fundamental (PCNEF). O leque de textos propostos pelos PCNEF pode ser dividido em dois grupos: funcionais e literários.

Os textos funcionais são monossêmicos, ou seja, pela sua funcionalidade, objetivos ou destinação, apresentam um só sentido. Numa receita de preparação de alimentos, nas instruções de uso de aparelhos, por exemplo, temos que seguir as indicações para chegar ao resultado desejado. Trata-se, portanto, de textos funcionais. O mesmo pode-se dizer de documentos como certidões, contratos etc., e também dos livros sobre ciências, história, geografia e outros do gênero, destinados às crianças.

Já o texto literário é polissêmico, pois sua leitura provoca no leitor reações diversas, que vão do prazer emocional ao intelectual. Além de simplesmente fornecer informação sobre diferentes temas – históricos, sociais, existenciais e éticos, por exemplo –, eles também oferecem vários outros tipos de satisfação ao leitor: adquirir conhecimentos variados, viver situações existenciais, entrar em contato com novas ideias etc.

Mas como definir a literariedade de um texto? Isto é, como avaliar se um texto é literário ou não? Tal questão não tem uma resposta única e definitiva, como se pode perceber das discussões inconclusas (e, às vezes, veementes) dos especialistas, sobre o conceito de literatura. Como já declarava o crítico canadense Northrop Frye, "não temos critérios para distinguir uma estrutura verbal literária de uma que não o é".

Entretanto, a literatura tem suas fronteiras que a diferenciam dos textos funcionais. Para Christian Poslaniec, essas fronteiras se situam exatamente dentro da "escrita polissêmica". Mas essa mesma escrita literária se estende entre a mais aberta – que é a poesia – e outras produções que podem se aproximar de certos textos funcionais monossêmicos.

"Entre estes dois extremos, poesia e texto funcional, se distribuem todas as formas literárias, das quais as mais numerosas (novelas, conto, romance, teatro) se agrupam sob a etiqueta genérica de ficção", diz Poslaniec. "Os documentários, os ensaios, as biografias, assim como numerosos escritos de circunstância – conferência, carta, correspondência, sermão, oração, etc. – ficam em algum lugar entre a ficção e os escritos funcionais. Mas já esta repartição tem fronteiras imprecisas. Onde situar, por exemplo, os numerosos documentários ficcionalizados escritos para os jovens?"

No que diz respeito a narrativas, a literariedade, segundo Poslaniec & Houyel, "implica o domínio de um certo número de instâncias do discurso, entre os quais aqueles que aparecem com mais frequência são a personagem, o narrador, o espaço-tempo, o gênero" e a relação que estes elementos estabelecem entre si no desenrolar da narrativa.

Ora, todos esses elementos estão presentes nos livros para crianças e jovens. É necessário, pois, que o mediador da leitura – o professor, o animador – conheça razoavelmente bem tais instâncias do discurso literário. Assim ele pode perceber as sutilezas e as muitas maneiras de ler um livro, atendendo sempre às expectativas e competências dos pequenos leitores. Com isso, sem dúvida, tornará a atividade de leitura em sala de aula muito mais rica e prazerosa.

A seguir, comentaremos brevemente essas várias possibilidades de ler um mesmo texto, a partir das conclusões de especialistas em literatura infantil. Antes de prosseguir, contudo, vale deixar um lembrete aos professores e animadores que trabalham com a literatura infantil na escola:

> O professor, para elaborar seu trabalho com a leitura de livros para as crianças, precisa ler primeiro essas obras como leitor comum, deixando-se levar espontaneamente pelo texto, sem pensar ainda na sua utilização em sala de aula. Em seguida, virá a leitura analítica, reflexiva, avaliativa, pois, como afirma o especialista francês Christian Poslaniec, "um livro não se resume ao seu estilo" e tanto o tema como a linguagem do livro lido podem ser tratados de modo estereotipado ou criativo. Poslaniec propõe uma noção de "riqueza" na hora de selecionar os melhores livros a serem levados à sala de aula: são aqueles que "utilizam de maneira criativa várias instâncias, oferecendo ao leitor várias ocasiões de penetrar na estrutura profunda da obra".

LER E MODOS DE LER

Pesquisadores da área de literatura infanto-juvenil, em particular depois dos trabalhos daqueles que se voltaram para a recepção dos leitores à leitura literária, propõem diferentes níveis de leitura, em função das variadas reações causadas no leitor (e sua compreensão parcial ou ampla do texto lido), bem como das competências desse mesmo leitor, que ampliam e aprofundam a leitura de uma obra.

No geral, essas propostas se sobrepõem umas às outras, com subdivisões e pequenas diferenças entre elas. No Brasil, o trabalho mais conhecido nesse sentido é o de Maria Helena Martins, em *O que é leitura* (1982). Trata-se de um livro pioneiro sobre a questão da crise da leitura, muito debatida no Brasil na década de 1980. É um livro corajoso, pois foi um dos primeiros a recusar um conceito de literatura ligado apenas aos clássicos consagrados pela academia e faculdades de Letras. Maria Helena Martins considera que há três níveis de leitura: o sensorial, o emocional e o racional.

O nível sensorial estaria ligado aos aspectos externos à leitura: o tato, o prazer do manuseio de um livro bem acabado, com papel agradável, com ilustrações interessantes e planejamento gráfico caprichado. O emocional é aquele que incita a fantasia e liberta as emoções, mostra "o que ele faz, o que provoca em nós".

Já o nível racional está ligado, para a autora, ao plano intelectual da leitura. Esta leitura "tende a ser unívoca" e o leitor se prende a "certas normas preestabelecidas" pela elite intelectual. A posição da autora é de crítica a essa elite (pensadores, críticos, artistas) "que reservam a si o direito de ditar normas à nossa leitura, bem como guardam para si o privilégio da criação e fruição das artes, das ideias, das coisas boas da vida".

Segundo Maria Helena Martins, essa concepção intelectual privilegia o texto escrito, "pressupondo educação formal e certo grau de cultura ou mesmo erudição do leitor". Por meio dessa leitura racional, seriam identificados, por exemplo, os aspectos formais do texto literário, o tratamento dado à temática e às ideias dos autores, entre outros aspectos. A importância do livro de Maria Helena Martins está no fato de que, há duas décadas, ele já abria caminho para se encontrar uma outra forma de leitura mais ampla, que não se limite às imposições da cultura acadêmica – e que valorize a literatura para crianças e jovens.

Embora Maria Helena Martins não faça uma proposta pedagógica para o trabalho com a literartura infantil na sala de aula, está implícito que o professor não deve tratar cada um daqueles três níveis de leitura separadamente, pois, conclui a autora, "o homem lê como em geral vive, num processo permanente de interação entre sensações, emoções e pensamentos".

Em 1999, Baudelot, Cartier e Detrez publicaram na França uma pesquisa sobre leitura, realizada num período de quatro anos, durante os quais acompanharam perto de mil alunos, entre 14 e 18 anos, em escolas públicas francesas[1]. Analisando as entrevistas feitas durante a pesquisa, os autores distinguiram duas modalidades correntes de leitura entre os alunos pesquisados: a que chamam de leitura erudita e a leitura comum.

Na leitura comum, "a relação do leitor com a obra é afetiva; ela se manifesta pela identificação do leitor com a história, com os temas tratados, com as personagens". Essa identificação, segundo os pesquisadores franceses, consiste em o leitor "afirmar sua personalidade graças ao livro, formulando julgamentos éticos a propósito de situações ou personagens, prolongando ao mesmo tempo nas leituras, experiências ou questionamentos pessoais".

Esta modalidade de leitura, ao contrário de ser considerada ilegítima, incompleta ou mesmo superficial, tem um caráter formador ou ético. E ao encontro dessa ideia vão críticos literários brasileiros como Antônio Candido, e especialistas nacionais em literatura infanto-juvenil como Regina Zilberman, Vera Teixeira de Aguiar e Nelly Novaes Coelho, entre outros.[2]

Já a leitura erudita é aquela consagrada pela tradição humanista e assimilada pela escola tradicional ao longo de sua estruturação, como a única leitura válida. Sua finalidade é de ordem exclusivamente estética; o leitor mantém distanciamento do texto, fruindo-o formalmente, segundo os padrões eruditos estabelecidos pela crítica literária de seu tempo. Os autores franceses citados concluem que ela reúne a "contemplação estética à análise estrutural", o que, de modo geral, coincide com a proposta de leitura literária dos Parâmetros Curriculares para a Escola Fundamental.

A classificação proposta de Poslaniec & Houyel não difere muito da desses autores e pode ser resumida a três níveis: a leitura comprometida, a leitura aprofundada pela experiência pessoal e a leitura literária.

A leitura comprometida se assemelha à leitura emotiva de Martins, quando a criança "deixa sua imaginação funcionar sem regras": "Concretamente, a leitura comprometida se traduz por uma identificação com as personagens, uma projeção na ação, uma espécie de diálogo permanente entre o livro e o leitor. Este último lê 'para saber o fim do livro', como dizem as crianças, para viver, por procuração, aventuras perigosas no papel, mas não na realidade, para confrontar seu próprio universo de referências ao do livro".

Já a leitura aprofundada pela experiência pessoal é feita por um leitor mais maduro, que, depois de uma leitura emotiva (ou mesmo concomitantemente) é capaz de discernir no texto suas conotações, a ideologia que o permeia, questões de ética colocadas pelo tema, sua situação num contexto histórico – enfim, aqueles elementos considerados especificamente não literários e que a crítica estruturalista expulsou da leitura dessas obras, excluindo a fruição de uma leitura espontânea, prazerosa, ligada às experiências de vida e à curiosidade do leitor em relação à cultura geral, e não apenas intelectual e estética.

Finalmente, a leitura literária seria "a capacidade de perceber, para além do sentido imediato, para além do sentido implícito, o modo de construção de um livro". E isso, concluem Poslaniec & Houyel, "pode ser a ocasião de um verdadeiro prazer de tipo intelectual".

O mais importante na proposta Poslaniec & Houyel é que ela dá ao professor uma indicação pedagógica básica: considera que desde o início da escola fundamental estes três modos de leitura podem ser praticados sem uma ordem de sequência obrigatória, pois afirmam: "Não se trata de uma progressão; é melhor considerá-los como três tipos de jogos de leitura, o primeiro (leitura comprometida) oferecendo a ocasião de exercer o *play*[3], o terceiro (leitura literária), o *game*, e o segundo (leitura aprofundada pela experiência pessoal) permitindo um vai-vem entre o *play* e o *game*. As crianças podem ser iniciadas nestes três modos de leitura e o domínio dos três é indispensável para a construção de um comportamento de leitor autônomo".

Esta maneira de conduzir o trabalho com a leitura tem algumas vantagens: ela abre a possibilidade de propor uma boa variedade de livros para a classe, durante o ano letivo, atendendo às diferenças de interesse das crianças. Assim, em alguns livros serão destacados os elementos estruturais da narrativa; em outros, o interesse pelo tema e seu tratamento; em outros ainda, em que se apelará para o imaginário, o maravilhoso etc. O que não exclui algumas incursões simultâneas, conforme o livro o permita.

Trata-se portanto de um trabalho variado que precisa ser previamente estabelecido pelo professor/mediador, conforme as possibilidades do livro escolhido para aquela aula. Entretanto, ao lidar-se com essas formas de ampliar a leitura do livro, deve-se observar se os leitores estão preparados para o trabalho que nos propomos a fazer e, para isso, é fundamental ter-se em mente as competências de leitura da criança, básicas para qualquer trabalho de leitura na escola. É o que trataremos a seguir.

> Pode-se estimular a curiosidade das crianças para descobrir ou refletir como o autor e o ilustrador compuseram seu livro. Levar os alunos a descobrir os "paratextos" e aprofundar os seus instrumentos de leitura. Poslaniec & Houyel definem os paratextos como "elementos textuais e iconográficos que não participam diretamente da história", ou seja: as capas e contracapas, a página de rosto, dedicatória, prefácio, epígrafe, notas, apresentação do autor, do livro, bibliografia, ficha bibliográfica, entre outros.

COMPETÊNCIAS DE LEITURA

Para Poslaniec & Houyel, a formação do leitor na infância não pode prescindir de determinadas competências ligadas à compreensão do texto e, consequentemente, à satisfação que este pode proporcionar à criança.

Essas competências provêm de duas fontes: aquelas que as crianças já trazem de casa antes da alfabetização e aquelas que ela pode adquirir na escola ou em atividades de leitura em geral (sessões livres em bibliotecas ou em centros de cultura, por exemplo). Poslaniec & Houyel destacam quatro competências que as crianças já têm antes da alfabetização:

a) Domínio da língua oral – Aos seis anos, as crianças já se comunicam normalmente em seu meio por intermédio da linguagem falada: elas conhecem algumas leis sintáticas básicas da língua; possuem um vocabulário concreto ligado às suas experiências no meio social em que vivem; compreendem o significado da entonação de frases (carinho, crítica, proibição, encorajamento...). Elas já têm, "a ideia do que pode ser uma frase, uma palavra, uma letra, um som; elas sabem, por exemplo, que não se emprega o mesmo registro de língua conforme as situações".

b) Domínio da capacidade abstrata de associar – "Associar uma palavra a seu referente, associar um gesto a um estado de espírito, associar uma expressão a uma emoção". Essas competências são fundamentais na leitura das imagens que se ligam às palavras do texto ou àquelas que são usadas quando da conversa com o adulto sobre a página ilustrada. Esse trabalho de articulação entre a imagem e as palavras vai aos poucos aumentando, ampliando o domínio da língua.

c) Conhecimento sobre objetivos da leitura – Por sua vivência social, a criança já traz contatos com textos escritos e imagens, com logotipos e marcas, com frases e palavras vistas na tevê, em cartazes de rua, em embalagens de produtos, etc. – e têm uma noção, mesmo inconsciente, sobre para que a leitura pode lhe servir. Bem aproveitada na escola, esta competência pode motivar seu desejo de aprender a ler e de construir para si um projeto de leitor. Trataremos deste último aspecto quando abordarmos a metodologia da leitura de narrativas.

d) Conhecimento intuitivo de que ler é compreender – Segundo Poslaniec & Houyel, "a criança já sabe que, num texto escrito, há um sentido global a descobrir; que ler não é uma simples operação de decifração. De alguma maneira, ela já sabe que ler é compreender". Daí, sem dúvida, o desinteresse das crianças pela leitura dos textos tradicionais de cartilhas, já suficientemente analisadas e criticadas hoje em dia.

Caberá pois à escola ampliar essas competências que a criança possui antes da alfabetização, introduzindo-a no domínio de alguns aspectos literários que já estão presentes em narrativas de livros infantis e dos quais o mais "natural" é a vivência de uma história.

Sabemos que o texto literário narrativo oferece ao leitor a possibilidade de "experimentar uma vivência simbólica" por meio da imaginação suscitada pelo texto escrito e/ou pelas imagens. "A literatura (e portanto a literatura para a juventude) é portadora de um sistema de referências que permite a cada leitor organizar sua função psíquica com o vivido e a sensibilidade que lhe é própria". Tornar-se leitor de literatura é um "vaivém constante entre realidade e ficção que permite avaliar o mundo, se situar nele".

Entretanto, nenhuma boa narrativa de ficção explicita tudo. Tanto no texto escrito como em narrativas por imagens existem "brancos" que o leitor deve completar. A articulação entre o explícito e o não explícito, nas boas narrativas, é construída pelo autor de modo a deixar pistas ao leitor para que ele possa preencher esses "brancos". Este trabalho eminentemente intelectual exige do leitor certas competências lógicas: "é preciso antecipar, induzir, pôr em relação diversas formas de informação", explicam Poslaniec & Houyel. E concluem: "Para perceber uma narrativa, que seja apenas textual ou se articula entre texto e imagens, para compreender plenamente as informações de um documentário, uma criança deve ser capaz de ligar causa e consequência, de encontrar uma construção lógica mesmo se o tema é irracional, de distinguir o que está dito explicitamente e o que pode ser deduzido".

Este é um dos trabalhos que precisam ser propostos constantemente na escola quando se trata de leitura de narrativas e que não prescindem de algumas "ferramentas literárias".

As ferramentas literárias

Geralmente, em trabalhos com a leitura e a elaboração de textos narrativos ou poéticos, costuma-se solicitar dos alunos que produzam textos espontâneos, como se eles dominassem instintivamente todos os elementos básicos na construção de narrativas ou de poemas. Essa é uma ideia muito corrente na escola, a de acreditar que a criatividade das crianças já é suficiente para elaborar (criar) suas histórias e pequenos poemas. Mas a aquisição dessas competências passa de início pela leitura ou audição de narrativas e poemas.

Porém, segundo explicam Poslaniec e Houyel, "os jovens são aprendizes leitores que não dominam ainda plenamente as diversas instâncias usadas pelo escritor num livro, e destinadas a produzir um efeito, mesmo se este efeito não é unívoco. Ora, como fazer uma leitura interpretativa pessoal se estamos cegos para certas formas utilizadas? [...] Estamos convencidos de que o trabalho começado aqui é indispensável, se quisermos ir além de uma leitura impressionista, e de que, para além de uma competência a fim de encontrar e interpretar os implícitos do texto, os jovens se tornam capazes de apreender a arquitetura, o modo de construção dos textos literários".

Não se trata, contudo, de levar os alunos da escola fundamental a adquirir noções de teoria da literatura, mas de organizar o que Poslaniec chama de "pequenos saberes" que as crianças já possuem em seu contato diário com todo tipo de histórias que acontecem à sua volta: dos relatos de acontecimentos familiares aos vistos na tevê, que incluem não apenas os programas infantis e os desenhos animados, mas também os fatos do noticiário e reportagens dos jornais televisivos, cujos elementos básicos são geralmente organizados com a estrutura de narrativas.

Trata-se, pois, de partir dessas vivências da narrativa para organizar esses saberes em sistema coerente e ampliá-lo, respeitando-se as competências já trazidas pelas crianças antes da alfabetização e as que adquirem na escolarização.

Daí a grande importância de o professor ter uma formação literária básica para saber analisar os livros infantis, selecionar o que pode interessar às crianças num momento dado e decidir sobre os elementos literários que sejam úteis para ampliar o conhecimento espontâneo que a criança já traz de sua pequena experiência de vida.

As escolhas, tanto do livro como o quê e como trabalhar esse instrumental literário são da maior importância. Na leitura afetiva, espontânea, como vimos, o leitor é envolvido pela história que o toca de diferentes maneiras (emoção, medo, identificação, rejeições diversas etc.). Mas, como observa Pasloniec, é preciso antes saber se o livro escolhido é adequado à competência de seus leitores:

"Todo livro oferece ao leitor uma complexidade – maior ou menor – para destrinchar; e o leitor é também portador de uma complexidade – mais ou menos grande – no ato de leitura. Se a complexidade do livro é menor do que a do leitor, este se aborrecerá. Ao contrário, se o livro é muito complexo para a complexidade do leitor, este só utilizará certos aspectos, ou não chegará a entrar no livro".

No que concerne às crianças que se alfabetizam, há entretanto um passo fundamental para os primeiros contatos regulares do aluno com o texto escrito. Esse passo está ligado ao processo de alfabetização. Como é enfatizado por especialistas, "as crianças devem automatizar o ato de decodificação de modo que seu espírito esteja disponível para outras coisas (encontrar sentido, conotar, se projetar, se identificar, analisar, estabelecer relações etc.)".

Ora, "a única maneira de automatizar este ato é... ler", concluem Poslaniec & Houyel.

> O aprendizado da leitura não dispensa, desde o início da alfabetização, os livros para crianças. O trabalho de automatização da decodificação deve ser concomitante com o da leitura de textos variados. Daí, na iniciação literária desde a pré-escola, a importância dos livros de imagem, com ou sem texto escrito, no trabalho com as narrativas. Eles podem ser uma grande alavanca na aquisição da leitura, para além da simples decodificação.

Notas

[1] Trata-se do livro *Et pourtant ils lisent...*, Paris, Seuil. Ver comentário a esta pesquisa em nosso *Parâmetros curriculares e literatura*, p. 81 e segs.

[2] Ver Faria, *Parâmetros curriculares e literatura*, p. 84-87.

[3] Poslaniec se apoia no livro de M. Picard, *La lecture comme jeu* [A leitura como jogo] (Paris, Editions du Minuit, 1986), de leitura difícil, onde o autor discorre sobre dois modos de leitura, apoiado na distinção entre *play* e *game*, da língua inglesa. Para Picard, a leitura livre, emocional, por intermédio das próprias referências narrativas do leitor, corresponde ao *play*, ou seja, um jogo apenas lúdico, sem regras rígidas, próximo da brincadeira. Já o *game*, jogo com regras preestabelecidas, corresponderia à leitura que leva o leitor a pensar, a refletir sobre o que está lendo, mantendo um certo recuo em relação ao texto e segundo as regras do jogo literário (Poslaniec, 2002, 73).

A ESTRUTURA DA NARRATIVA NO TEXTO ESCRITO E NO TEXTO VISUAL

UM ESQUEMA BÁSICO DE NARRATIVA

Os livros infantis apresentam narrativas curtas que podem ser consideradas contos – designação de histórias e narrações tradicionais, que existem desde os tempos mais antigos, os quais, na sua origem, eram orais em sociedade ágrafas, transmitidas de geração em geração. Na Europa, Perrault, no fim do século XVII, e os irmãos Grimm, no início do século XIX, recolheram contos orais populares de seus respectivos países e os registraram por escrito, segundo suas concepções e estilos.

Essa corrente de pesquisa de contos populares não se interrompeu desde então, com pesquisadores que percorreram regiões de todos os continentes, recolhendo e escrevendo essa literatura popular. No Brasil, desde o século XIX, especialistas como Sílvio Romero, Couto de Magalhães, Mário de Andrade, Afrânio Peixoto, Luís da Câmara Cascudo, entre muitos outros, vêm coletando literatura popular oral e escrita. Entre os escritores contemporâneos para crianças e jovens, destacam-se os trabalhos de Ricardo Azevedo, Ciça Fitipaldi, Toni Brandão, Regina Chamlian/Helena Alexandrino, Sônia Junqueira, Ana Maria Machado, Rogério Resende Barbosa, voltados para a literatura popular em geral, lendas indígenas e africanas, reescrevendo-os e ilustrando-os.

Entretanto, segundo a especialista francesa R. Léon, "a simples passagem ao escrito transforma a narrativa em outro objeto e o conto se transforma em texto e em seguida em livro, apoiado algumas vezes em ilustrações". E, assim, chegamos à literatura para crianças, que tem sua origem nos contos populares, como demonstra Ricardo Azevedo em sua dissertação de mestrado *Como o ar não tem cor, se o céu é azul?* (1997).

A literatura para crianças hoje abrange diferentes tipos de contos, entre os tradicionais e os modernos. Segundo Léon, os contos tradicionais (contos de fada, contos maravilhosos etc.) "tocam aspectos muito importantes de nossa natureza e de nossa história [pois] o conto constrói/estabelece o ser humano como um ser de linguagem e de cultura, para o qual todas as atividades de sobrevivência (alimentos, roupas, relacionamento com animais e plantas) adquirem dimensões imaginárias e simbólicas". Por isso, contos de fadas, lendas em geral de todos os povos, fábulas e histórias populares continuam a ser apreciados e a fascinar as crianças.

Ao lado deles, temos os contos modernos: para Léon, "são narrativas originais, criadas por autores contemporâneos, que não têm nada a ver com a tradição oral [popular], mas que trazem uma certa renovação do maravilhoso". Além disso, os contos modernos abordam o dia a dia das crianças, desde as situações mais banais do cotidiano até temas sociais, existenciais, éticos, religiosos de nosso tempo e com os quais, conscientemente ou não, os pequenos leitores estão em contato.

Estes contos modernos são importantes para a formação das crianças e jovens, no sentido que lhe dá Antonio Candido em seu ensaio "A literatura e a formação do homem" (1972). Como enfatizam Regina Zilberman e Ezequiel T. da Silva, em obra sobre Literatura e Pedagogia, a literatura "educa" e "o leitor tende a se enriquecer graças ao seu consumo".

Tradicionais ou modernas, as narrativas podem ser definidas como "expressão de modificações de um estado inicial". Por isso, a estrutura das narrativas é essencialmente temporal. Podemos sintetizar as fases de uma narrativa da seguinte forma:

a) Situação inicial: apresenta um estado de equilíbrio ou já um problema.

b) Desenvolvimento: o equilíbrio passa a desequilíbrio com o surgimento de um problema. O "miolo" da narrativa concentra as tentativas de solução, com ou sem ajuda de pessoas ou atos reais ou da ordem do maravilhoso.

c) Desenlace: pode ser feliz ou infeliz. No desenlace feliz, há a solução do problema e a recuperação do equilíbrio. No infeliz, o problema não é resolvido e o equilíbrio inicial não é recuperado.

Consideramos útil expor aqui também a estrutura das historietas moralizantes tradicionais, que ainda existem em livros didáticos e em alguns livros para crianças, mesmo que, às vezes, disfarçados:

a) Equilíbrio: reproduz a ordem adulta da sociedade, com normas rígidas de comportamento.

b) Problema: dá-se com o rompimento dessas normas.

c) Desenvolvimento: o sujeito sofre as consequências do rompimento das normas (doença, privações, medo etc.)

d) Desenlace: o equilíbrio é restabelecido (o sujeito se arrepende e aceita a norma ou é castigado).

Um exemplo de historieta moralizante comum nos livros didáticos, até pelo menos nos anos 30, é esta tira extraída de um livro editado no fim dos anos 1920 e adotado em escolas primárias paulistas:

Exemplo de historieta moralizante: o adestramento das crianças por meio do castigo.
(Novo manual de língua portuguesa. Curso Médio, de João F. Pinto da Silva. p. 166.)

Chamamos a atenção para a orientação aos alunos, que vinha logo abaixo da tira: "Contar a história dessa estampa. Qual é o defeito de Anna? Que faz? Como é castigada?" Trata-se de um claro exemplo de um adestramento das crianças por meio do castigo por desobedecerem às normas estabelecidas pelos adultos. O simples desejo da menina de comer o que está na cesta é considerado um defeito ou vício (provavelmente a gula) e deve ser corrigido.

Essa moral tradicional na educação das crianças ainda aparece em cartilhas até bem depois dos anos 1950, como se pode ver no texto a seguir, extraído do livro *Caminho suave*, para a 1ª série do 1º Grau (hoje Ensino Fundamental), de Branca Alves de Lima. Essa cartilha alfabetizou milhares de brasileiros: segundo Maria do Rosário Mortatti, entre 1948, ano de seu lançamento, e 1991, registraram-se 104 edições dela.

O DESOBEDIENTE CASTIGADO

Fábio falou:
– Mamãe, vou tomar banho frio.
– Não faça isso, meu filho. Você está resfriado.
Mas ele desobedeceu.
À noite estava com febre. Felizmente não foi grave, mas passou três dias de cama.
Os primos foram à sua casa.
As crianças pularam e brincaram no jardim com Bebê, Didi e Totó.
Lá ficou ele, trancado no quarto, com os olhos cheios de lágrimas.
O desobediente é sempre castigado.

(*Caminho suave*. Primeiro Livro de Leitura, 1979.)

ANÁLISE DE DUAS NARRATIVAS-PADRÃO

Analisando o livro de Ana Maria Machado, *Avental que o vento leva* (5ª ed. 1998), encontramos bem marcados aqueles três momentos básicos da narrativa (situação inicial, desenvolvimento e desenlace): trata-se da história de uma menina, Corina, que gosta de brincar com tintas e com terra, por isso, usa um avental branco. No meio de uma brincadeira, Corina pendura o avental num galho de árvore. Esta é a situação inicial de equilíbrio que se repete diariamente. Nas histórias, esse momento em que as coisas se repetem no tempo vem expresso por verbos no imperfeito do indicativo.

Entretanto, surge um fato que rompe o equilíbrio do dia a dia e que é introduzido pela locução temporal – "Um dia" – fórmula comum nos contos tradicionais para marcar esse fato preciso que dá início ao desenvolvimento da história. O tempo verbal muda para o pretérito perfeito – indicando fatos e ações precisas que levaram a menina a buscar soluções para o problema: o avental sumiu e ela sai à procura dele. Depois das frases objetivas iniciais ("Um dia...") a autora passa para o mundo da fantasia onde a menina conversa e convive naturalmente com a natureza e os animais, pois interpela o vento: "Vento, você viu meu avental?"

Como o vento não responde, Corina sai procurando. Entramos aqui no desenvolvimento da história, dividido em quatro sequências simétricas – comuns também nos contos maravilhosos –, que narram a procura pelo avental. Vendo uma mancha branca no alto do morro, Corina pede ajuda a um cabrito, que a leva até a montanha: "Mas a mancha branca não era avental nenhum. Era só um fiapo de nuvem". A nuvem avisa a menina que viu "um branquinho no meio da mata". Corina, na segunda sequência, pede ajuda a um gavião para ir até lá, nas costas da ave. A busca continua de um lugar para o outro sem, contudo, se achar o avental. Corina desiste e volta para casa.

A amarração de uma sequência à outra está nas sugestões dos elementos da natureza que dão informações à menina e na ajuda dos animais para transportá-la até o lugar indicado. Assim entramos na fase final – o desenlace feliz: o avental está limpo e dobrado na gaveta do armário, pois a lavadeira o havia achado, conforme informação da cachoeira. E a menina pode dormir em paz para "acordar descansada e poder pintar o sete no dia seguinte", recomeçando talvez um ciclo de novas aventuras. A autora fecha sua história com uma "moralidade" de praxe nas histórias tradicionais, mas renovada e atualizada, sem nenhum ranço pedagogizante: "E quem gostar de artes que se prepare e pinte também".

Nos livros de imagens, essa estrutura está também presente e será analisada detalhadamente em capítulo especial. Como exemplo sintético da estrutura tradicional em narrativa por imagens, temos, por exemplo, as "historietas em cinco quadros" do livro de Eva Furnari, *Esconde-Esconde* (2ª ed., 1984). Vejamos uma das historietas, "No Parque":

1º quadro: Duas crianças dão comida aos pombos no parque.

2º quadro: Surge um menino chato, que com um pau espanta os pombos.

3º quadro: As crianças reagem e tomam o pau do menino.

4º quadro: Elas usam o pau para correr com o menino do parque.

5º quadro: Voltam a dar a comida aos pombos.

Nesta série de cinco quadros, estão contidos os elementos básicos da narrativa: situação de equilíbrio (1); surgimento de um fato que quebra o equilíbrio (problema) (2); reação para resolver o problema (3 e 4); restabelecimento da situação inicial de equilíbrio (5).

ESTRUTURAS NÃO TRADICIONAIS DE NARRATIVAS

Nem sempre esta estrutura tradicional de narrativas está presente em histórias para crianças. Algumas apresentam narrativas mais frouxas, sem a tensão criada pelo problema do esquema tradicional. É o caso de *Luciana em casa da vovó*, de Fernanda Lopes de Almeida, com ilustrações de Agostinho Gisé (1985). Nesse livro não há propriamente uma narrativa no sentido restrito, mas uma sequência de cenas mostrando o que a menina e a avó fizeram durante o dia: ver as galinhas, almoçar na varanda etc.

Ao pequeno leitor, por meio de sua imaginação, cabe construir mentalmente essa trajetória das duas personagens, fazendo a ligação entre uma cena e outra, por meio das indicações do texto escrito e da ilustração, imaginando o que elas conversam e o que Luciana sente nos diferentes momentos do dia. Só na sequência final há uma leve tensão, quando a menina sobe na cadeira para pegar doces no armário, achando que a avó dorme no sofá da sala. Como na historieta tradicional apresentada anteriormente, Luciana pode cair e, além do mais, está "desobedecendo", "fazendo arte". A tensão se desfaz rapidamente pois a avó finge dormir (bem indicado pela ilustração, um olho da avó aberto, outro fechado). Luciana pega os doces sem cair da cadeira e a avó, ao contrário da moral tradicional, não dá bronca: "E elas riem muito".

A exemplo de outros de seus livros, como *A fada que tinha ideias* (1971) e *A curiosidade premiada* (1978), Fernanda Lopes de Almeida se destacou na década de 1970, segundo a tendência da época, em quebrar o costume antigo de educar castigando certos comportamentos – como a gula, a curiosidade, o dirigir-se aos adultos sem serem interpeladas – e em valorizar a independência da criança e sua iniciativa pessoal. Aliás, *Luciana em casa da Vovó* não tem desenlace em relação ao fio da história, pois não ficamos sabendo quando e como Luciana voltou para sua casa, como se despediu da avó, e o que fizeram depois do episódio dos doces.

Mais frouxa ainda em relação às amarrações próprias de uma narrativa são livros que relatam cenas da vida cotidiana, como *O vento* (1989), de Mary e Eliardo França. O cenário deste livro é uma cidade mineira atingida por uma ventania forte. O texto consta de uma ou duas frases e as informações sobre as cenas são dadas pela imagem. Podemos colocar ainda nesta classificação *Dia e Noite* (1980), também de Mary e Eliardo França, onde se alternam, em páginas duplas, aquilo com que a criança pode brincar de dia (mundo real) e à noite (mundo do sonho, do imaginário). Pelas qualidades líricas do texto e da ilustração, o livro fica num ponto intermediário entre as "cenas da vida cotidiana" e a poesia verbal e visual.

Foge igualmente da estrutura tradicional o livro de Walter Ono, *O melhor amigo do melhor amigo* (1984) com texto e ilustração do autor. O narrador conta as atividades de um cachorro "seu amigo". Há no final uma pequena amarração entre seus relatos sobre o cachorro, e a conversa termina quando o cachorro ataca o narrador, obrigando-o a fugir sem que seu nome seja mencionado pelo texto. Apenas a ilustração dá um indício e sugere quem é, afinal, o narrador – o gato da casa (seu rabo aparece na página da direita, mostrando o bichano em fuga) –, tudo isso por meio do traço e do texto cheio de humor de Ono.

Em outros casos, é comum também as histórias chamadas de "narrativas de caminhada": as ações desfilam de página em página sem se organizarem em torno de um "problema, desenvolvimento e solução". *Um rio de muitas cores* (1999), de Lúcia Hirata, narrativa só por imagens, apresenta tema ecológico. Relata o percurso de uma menina desde o sítio onde mora até a cidade, para entregar flores a sua avó. Trata-se de um intertexto com *Chapeuzinho Vermelho*, pois a menina é caracterizada pela capinha e capuz vermelho. O elo que conduz a narrativa é o rio, personagem principal, que atravessa vilas, sítios e matas (ainda limpo) até chegar poluído à cidade onde mora a avó. O desenlace é da ordem do maravilhoso pois a cidade fica coberta de flores quando a menina chega lá com seu pequeno buquê.

Outro exemplo desta modalidade de narrativa é o livro de caráter pedagógico explícito, *Vermelho e verde*, de Liliana e Michele Iaccoca (1994). Com temática sobre o cotidiano de crianças (Laura e Leo), o livro de imagem ensina a elas os sinais de trânsito. A moldura das ilustrações é a janela de um carro que leva os dois para a escola e através da qual eles veem o que se passa na cidade. Para além do objetivo pedagógico, o livro é original, pois entre o sinal vermelho e o verde, que se alternam na sequência das páginas, o que se passa nas ruas (nas casa, nas calçadas) para ou se move conforme a cor indicada no semáforo. Assim, estimula-se o leitor a observar tudo o que muda na rua quando abre o sinal verde. O fim da história é a chegada das crianças à escola e a despedida da mãe que os conduziu no carro.

Uma variante desta modalidade são histórias circulares em que a caminhada volta ao começo do livro, como em *Ida e volta* (1986, 4ª ed.), de Juarez Machado, já um clássico do livro de imagem, ou *No rastro do gato* (1988), de Maria José Boaventura. Neste, mostra-se apenas as pegadas do gato, que "entra" na história pela capa e do qual só se vê aí seu traseiro, com o rabo enlaçado na letra "O" do título. As pegadas mostram que o gato passeia pela casa, sai para o jardim e volta pulando de novo para dentro da casa através de uma janela. E a história toda recomeça.

Apelando mais para o imaginário, *Lá e aqui!* (1995), de Rogério Borges, é mais lírico e enigmático. O autor relata que teve a ideia do livro numa noite, quando: "ao fechar o portão da garagem, levantei a cabeça e olhei o céu. Estava coalhado de estrelas, imenso, e eu, ali, pequenininho. Então tive vontade de fazer uma história sobre essa sensação". E imagina um menino que vem voando desse céu imenso, chega à terra, aproxima-se de um cavalo (bela ilustração da página central do livro). O leitor pensa que algo vai acontecer entre o menino e o animal. Mas o menino penetra na terra, a atravessa e volta ao céu "coalhado de estrelas, imenso", de onde veio.

Num jogo interessante entre o imenso e o pequeníssimo ampliado (os grãos de terra, por exemplo), Borges nos dá uma história maravilhosa que pode levar o leitor, mesmo criança, a meditar sobre nossa condição humana entre o infinitamente pequeno e o imensamente grande, como o universo, retomando o tema caro a Blaise Pascal, filósofo e matemático francês do século XVII.

Outra modalidade de histórias para crianças que têm uma estrutura particular são as chamadas narrativas acumulativas, que fazem parte da tradição de histórias populares mundiais. No Brasil, são muito conhecidas, vindas de Portugal onde eram comuns, histórias como *A formiga e a neve* ou *"...E a velha a fiar"*. Embora a história siga um esquema com início, desenvolvimento e desenlace, ela se caracteriza pela repetição de todos os elementos que vão sendo acrescentados à narrativa e que devem ser repetidos na mesma ordem.

Em livros, destacamos duas publicações recentes: em primeiro lugar, *A casa sonolenta* (1989), dos americanos Don e Audrey Wood, com ilustrações cativantes. Seguindo o esquema do gênero, o texto vai acrescentando elementos ao princípio da história e termina cada página com o mesmo refrão: "uma casa sonolenta, / onde todos viviam dormindo". No início, "numa cama aconchegante, a avó está dormindo". Sobre ela vão se amontoando menino e animais, todos dormindo confortavelmente, até chegar ao clímax da série, quando uma pulga (*o problema*) desencadeia o desenlace:

Uma das ilustrações de *A casa sonolenta*, exemplo de narrativa acumulativa, em que os elementos se repetem a cada novo passo da história. Os personagens se amontoam uns por sobre os outros, até o desenlace do jogo narrativo.

Será possível?
Uma pulga acordada,
em cima de um rato dormindo,
em cima de um gato ressonando,
em cima de um cachorro cochilando,
em cima de um menino sonhando,
em cima de uma avó roncando,

> *em uma cama aconchegante,*
> *numa casa sonolenta,*
> *onde todos viviam dormindo.*

A pulga pica o rato, que assusta o gato, até que todos acordam; a avó, com o susto, quebra a cama; o dia amanhece e todos vão brincar no jardim, "numa casa sonolenta, onde ninguém estava dormindo".

Além de belas, as ilustrações permitem às crianças um jogo que desenvolve a capacidade de observação na leitura das imagens: localizar em cada cena o aparecimento do animal que ainda não entrou na história.

A segunda publicação que destacamos, no mesmo gênero do conto acumulativo, mas com texto mais complexo, porque inserido numa história de estrutura tradicional, é o conto "Que bagagem", do livro *Di-Versos russos* (1990), que Tatiana Belinky traduziu e adaptou do escritor Samuil Marchak (nascido em 1887), com ilustrações e projeto gráfico de Claudia Scatamacchia.

A história tem estrutura tradicional e narra a viagem de uma mulher com muita bagagem, configurando a situação inicial.

> *Madame entregou, co'a passagem,*
> *No carro-vagão de bagagem:*
> *uma arca*
>   *um cestão*
>   *um quadro*
>   *um colchão*
>   *um saco*
>   *um caixote,*
>   *mais um cachorrinho-filhote.*

No decorrer da viagem, o "cachorrinho-filhote" se extravia, a mulher exige o animal aos funcionários, que o substituem por um cachorro grande e têm que explicar à mulher porque o filhote cresceu tanto, constituindo assim o desenlace. A lista das bagagens é repetida em cada cena da história, variando apenas o refrão. Tais histórias se prestam para jogos de linguagem, coro falado e encenação, animando as leituras coletivas.

Ilustração de Cláudia Scatamacchia para *Di-Versos russos*, traduzido por Tatiana Belinky.

Os professores, pesquisando em catálogos de editoras e em livrarias, encontrarão certamente outras histórias que, pela sua peculiaridade, não se enquadram na estrutura tradicional. Um último exemplo: o escritor e ilustrador Ricardo Azevedo, um dos autores que mais apresentam textos experimentalistas, entre muitos outros livros, publicou *Uma velhinha de óculos, chinelos e vestido azul de bolinhas brancas* (1998). Aqui, desde a capa, onde a tal velhinha é apresentada, vários amigos sentados na calçada conversam e imaginam quem seja ela. O mote na página inicial dá origem a seis interpretações, que, organizadas em torno dessas diferentes ideias a respeito da personagem, criam seis pequenas narrativas divergentes.

É verdade que predomina, nas histórias para crianças, a estrutura tradicional das antigas narrativas. Mas vê-se que os professores podem lançar mão de muitas outras, que transgridem tal fórmula. O que, no mínimo, poderá render animadas discussões em sala de aula, ao se analisar umas em contraste com as outras.

Dinâmica da narrativa

Sequências e cenas

Toda narrativa, ao se desenrolar no tempo, se divide em momentos-chave no fluir das ações. Chamamos de sequências narrativas a essas divisões da história. As mesmas sequências narrativas, por sua vez, podem ser compostas de diferentes cenas justapostas. Assim, a sequência de uma narrativa é o "conjunto de cenas que se referem à mesma ação", como definem Rabaça & Barbosa (1987). E as cenas são "unidades de ação" que, juntas, formam uma sequência. Um bom trabalho com o desmonte da estrutura narrativa para compreender suas partes é ajudar os alunos a entenderem esses momentos-chave da história.

Cortes da narrativa

O bom criador (ou contador) de histórias sabe estabelecer com competência os cortes da narrativa, ou seja, deixar bem claro, no desenrolar da história, o início e o fim de sequências e suas cenas. Esses cortes têm uma função importante para a compreensão dos fatos narrados. A primeira delas é marcar os momentos significativos da história.

Tomemos como exemplo o livro *Avental que o vento leva*, escrito por Ana Maria Machado e ilustrado por Helena Alexandrino. Nele, são quatro as sequências que se sucedem à situação inicial, ou seja, aquelas que narram a procura pelo avental desaparecido. A segunda sequência do desenvolvimento [Corina, informada pela nuvem, vai procurar o avental numa árvore da mata] contém três cenas: na primeira a nuvem informa que viu "um branquinho no meio da mata"; na cena seguinte, Corina voa em direção da mata nas costas de um gavião. Na terceira cena, já na mata, ela constata que o "branquinho" era a paina de uma paineira, encerrando-se assim essa sequência. Cada sequência do desenvolvimento é claramente delimitada pelas diferentes ações de Corina para encontrar o avental, ações que mudam conforme as informações que a personagem obtém no trajeto, mas que no final de cada sequência se revelam erradas, o que leva a uma nova informação e a uma nova busca.

Esses cortes da narrativa têm uma segunda função: a de amarrar ou desamarrar a ação, abrir ou fechar perspectivas. Cada vez que Corina segue a informação de uma personagem, abre-se uma nova perspectiva para ela encontrar o avental. Ao chegar ao lugar indicado, contudo, a perspectiva se fecha, pois o indício não é de fato o objeto perdido. A ação é desamarrada mas, diante de mais uma informação fornecida à menina, abre-se nova perspectiva de busca – assim sucessivamente, até o desenlace. Quando o livro é bem ilustrado, o ilustrador (com o concurso ou não do escritor) escolhe esses cortes importantes, transformando-as em cenas por meio de imagens.

No caso da sequência que estamos analisando, Helena Alexandrino selecionou três cenas para ilustrá-la. A primeira é o fechamento da sequência anterior (a mancha no morro não é o avental mas "um fiapo de nuvem") e, ao mesmo tempo, abre a seguinte. O "fiapo" antropomorfizado informa Corina que "viu um branquinho no meio da mata". Na página dupla seguinte, já vemos o gavião transportando Corina até a mata. No texto escrito, cujos cortes são sempre mais fluidos, menos destacados, podemos ler entretanto maiores informações sobre o desenrolar da história:

> – *Gavião, me leva até lá?*
> *Gavião levou.*
> *Voa que voa, saíram do alto do morro,*
> *Passaram perto das nuvens, chegaram*
> *lá perto e viram. A mancha branca não*
> *era avental nenhum.*
> *Era só um fiapo de paina, numa paineira*
> *enorme que já tinha dado flor.*

Helena Alexandrino escolheu uma cena bem marcante: Corina no dorso da ave voa em direção à mata, desenhada na parte de baixo da página, no canto esquerdo.

O texto, e não a ilustração, encerra esta cena e esta sequência.

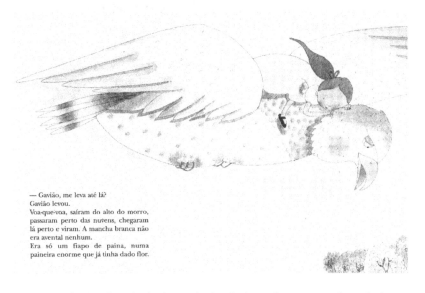

Imagem de uma das principais sequências de *Avental que o vento leva*, de Ana Maria Machado, com ilustrações de Helena Alexandrino. A cada página, os cortes servem para amarrar e desamarrar a ação, criando novas situações e perspectivas.

A ilustração da página dupla seguinte contém o fechamento da sequência anterior (não era o avental, mas um fiapo de paina) e a abertura para a seguinte. A paina informa a Corina que viu "um branquinho lá onde o rio se despenca". No texto escrito, a menina pede auxílio ao macaco para chegar até lá. Na ilustração, Helena Alexandrino condensa o fechamento e a abertura das sequências em um só espaço: à esquerda Corina desapontada (não era o avental, mas a paina) conversa com a paina (antropomorfizada); à direita, direcionando o leitor para a página seguinte, está o macaco num galho, abrindo a última sequência do desenvolvimento, pois é ele quem conduzirá a menina à cachoeira.

Assim, texto escrito e ilustração entrosam-se, completam-se, com a ilustração destacando os momentos significados da história e facilitando a sua compreensão pela criança, enquanto o texto escrito dá mais detalhes sobre o que se passa, sem desviar a leitura das funções específicas do escrito e de seu componente literário.

Cabe, pois, ao educador, analisar e compreender primeiro esses elementos da narrativa expressos em palavras e imagens, para depois trabalhá-los com as crianças, dosando-os segundo o desenvolvimento de cada classe. Com isso, entramos num dos pontos fundamentais da articulação entre o texto escrito e o texto visual, que comentaremos a seguir, dando destaque ao papel da imagem nessa articulação.

ARTICULAÇÃO DO TEXTO COM A ILUSTRAÇÃO

O TEXTO E A IMAGEM

Nos bons livros infantis ilustrados, o texto e a imagem se articulam de tal modo que ambos concorrem para a boa compreensão da narrativa. É possível afirmar que os livros com ilustrações apresentam uma *dupla narração*:

> A sequência de imagens proposta no livro ilustrado conta frequentemente uma história – cheia de "brancos" entre cada imagem, que, o texto de um lado e o leitor cooperando, de outro, vão preencher. Mas a história que as imagens contam não é exatamente aquela que conta o texto. Tudo se passa como se existissem dois narradores, um responsável pelo texto, outro pelas imagens. Estes dois narradores devem encontrar um *modus vivendi* que se traduzirá seja pela submissão de um ao outro (uma forma de redundância ou de insistência), seja por uma forma de afrontamento (o texto não conta nada do que contam as imagens, ou o inverso; o que produz um segundo nível de leitura), seja por uma divisão da narrativa: as novas informações são trazidas sucessivamente pelo texto e pelas imagens. E esta cooperação tem um papel sobre o explícito, sobre o implícito e a economia da narração. O explícito é o que diz o texto e/ou mostra a imagem; o implícito são os "brancos", mas também o que está sugerido pela polissemia da linguagem (Poslaniec, 2002).

A articulação equilibrada entre texto e imagem, portanto, provém do uso ideal das funções de cada linguagem: a escrita e a visual. "Na maior parte do tempo, lógica textual e lógica iconográfica estão articuladas para uma melhor compreensão", afirmam Poslaniec & Houyel. Mas não podemos nos esquecer que a lógica textual leva a uma forma diferente de leitura em relação à leitura da imagem com sua lógica iconográfica. No decorrer deste livro, vamos detalhar a parte de cada uma dessas leituras por meio da análise de alguns livros em especial.

Na leitura da escrita, o olho percorre a linha impressa da esquerda para a direita e de cima para baixo, linha a linha, e a leitura se efetua pela trajetória do olhar. Mas, numa imagem, a trajetória do olhar não é linear: o olhar percorre a ilustração em diversas direções, orientadas pelas características da imagem. Nessa leitura, componentes da imagem são hierarquizados segundo a intenção do ilustrador e o olho é guiado por essa hierarquia. É comum, em livros para crianças, o ilustrador dirigir claramente o olhar do leitor, levando-o a percorrer a imagem num sentido dado. São muitos os exemplos deste direcionamento; veja-se, por exemplo, em *Ida e Volta* (1986, 4. ed.): as pegadas da personagem se orientam da esquerda para a direita. Mais direcionante ainda é a página dupla de *Quando Kidogo dorme* (1983, 4. ed.), livro de Paul François e ilustrado por Kersti Chaplet. Trata-se da tradução de um livro francês e a história se passa na África, onde se encontram paisagens e animais daquele continente. Nele, o ilustrador mostra uma fila de hipopótamos que vêm beber água num lago. Usando da perspectiva, ele coloca o primeiro hipopótamo no alto da página à esquerda, bem pequeno, e a fila continua em curvas, sempre da esquerda para a direita, até chegar ao primeiro plano, quando está desenhado um hipopótamo já bem grande, em *close*, vendo-se apenas a parte superior de seu corpo. O leitor começa a olhar de cima e vai seguindo a fila até embaixo e depois pode fazer o percurso de volta, completando-se o direcionamento do seu olhar ao ler a ilustração.

As articulações

Em princípio, a relação entre a imagem e o texto, no livro infantil, pode ser de repetição e/ou de complementaridade, segundo os objetivos do livro e a própria concepção do artista sobre a ilustração do livro infantil. Quando o livro não tem claramente uma função pedagógica como auxiliar da alfabetização, o que justifica a repetição do enunciado escrito na imagem, considera-se que a boa ilustração deve ser de complementaridade, ou seja, "um dos dois elementos pode ter a faculdade de dizer o que o outro, por causa de sua própria constituição, não poderia dizer", como afirmam Durand & Bertrand[2]. Comentaremos este ponto importante da ilustração mais adiante.

Com relação à repetição como prática justificada, temos, por exemplo, o livro de Regina Yolanda, autora e ilustradora de *Dalila* (1995). Trata-se de um livrinho feito especialmente para crianças pequenas, com a finalidade maior de levá-las a se familiarizar com a apreensão da imagem em duas dimensões e outros aspectos básicos da expressão gráfica, sob a condução do adulto. Assim, o texto escrito é uma orientação para o educador lê-lo para a criança e esta identificar na página o desenho correspondente ao que lhe foi lido. Por isso, o livro se inicia com a frase em destaque: "Dalila é uma cadelinha" e a criança vê um cachorro de perfil – que é uma forma clara de se identificar um animal. Na página seguinte, Regina Yolanda joga com a leitura das cores. Há apenas uma página branca riscada a lápis marrom e as palavras: "Ela é...", estimulando a criança a dizer a cor do cachorro, por meio do reconhecimento da sua representação gráfica. E a página subsequente, em dupla com a anterior, apresenta-se colorida ao contrário: fundo marrom e riscos brancos, introduzindo apenas por "e...". Assim, ao mesmo tempo que estimula a criança a reconhecer cores e nomeá-las, as páginas levam-na a associar as cores à pelagem do cachorro. O livro prossegue em sua tarefa pedagógica, tendo ao final uma página inteira de orientação para o educador trabalhar com as crianças e ampliar a leitura para além do texto.

No caso da complementaridade, o texto escrito e a ilustração apresentam contribuições específicas para a leitura integral da história, e, portanto, têm funções diferentes no conjunto texto/imagem. As contribuições específicas do texto escrito se concentram nas articulações indispensáveis à narrativa, como os articuladores temporais (momento ou dia exato em que se passam as ações, por exemplo), nos elementos que explicam causa e efeito (os porquês e os comos), e demais articuladores. Outro aspecto importante é a de revelação: o texto escrito designa as personagens, os ambientes, os objetos, e assim cumpre, por sua vez, sua função de complementação, preenchendo lacunas e dissipando ambiguidades da imagem.

Finalmente, nos livros em que o texto é o elemento principal da narrativa, e portanto longo, a imagem leva ao arejamento da página, a um descanso do texto escrito, que sempre obriga a um esforço maior de leitura, auxiliando o leitor a continuá-la pelos caminhos mais suaves da imagem. Ela geralmente capta uma cena importante da história e tem o sentido lato de ilustração.

> A ilustração conta com importantes elementos descritivos que, se fossem explicitados integralmente no texto escrito, o tornariam longo e pesado – e mesmo ilegível. Assim, o aspecto descritivo da cena ilustrada pode comportar um grande número de detalhes, apreendidos rapidamente pela leitura circular da imagem e sua assimilação instintiva, "imediata e sem problemas", como definem Durand & Bertrand. Ao mesmo tempo, a ilustração apresenta detalhes da ação, que também poderiam sobrecarregar o texto escrito, desestimulando o prosseguimento da leitura. Desta forma, as funções da imagem no livro ilustrado seriam a de "criar/sugerir/complementar o espaço plástico", quanto à descrição e "marcar os momentos-chave da ação na narrativa pela duplicação visual", conforme Durand & Bertrand.

A imagem precisa concentrar elementos de hipersignificação da narrativa:

a) os elementos estáticos, ligados à descrição, por meio de sugestões espaciais, como o ambiente em que se passa a ação, as personagens e suas características como a roupa que vestem, o lugar em que vivem, seus objetos pessoais etc.

b) os elementos dinâmicos, ligados ao encadeamento da narrativa, como exprimir com clareza a ação, os gestos e as expressões motivadoras das personagens, além de marcar o ritmo da ação e a progressão da narrativa.

Em todos estes casos, o ilustrador precisa também dosar os elementos descritivos de modo a não sobrecarregar a imagem com excesso de informação. A imagem deve ser clara e econômica também quanto à indicação das ações, que por outro lado não podem se perder em meio às descrições visuais estáticas. Além disso, devemos considerar que a ilustração divide as páginas do livro com o texto escrito, por meio do projeto gráfico, e por isso os espaços destinados à imagem precisam ser muito bem aproveitados, condensando informações, mesmo nos livros em que o texto é pequeno.

Nos livros infantis, as imagens se apresentam enquadradas, ou seja, delimitadas por linhas, molduras variadas, por um fundo colorido ou pela borda da página. O enquadramento é completado pelo ângulo de vista em que a cena está desenhada ou pintada, ou seja, apresentada no eixo ou linha natural do olhar, considerado "normal", geralmente horizontal na perspectiva clássica, ou então em perspectiva oblíqua. A cena também pode ser captada de cima para baixo ou o inverso. Na ilustração dos livros infantis, predomina o ângulo frontal, na linha do olhar.

O enquadramento se completa pelos planos em que a imagem é apresentada. Há uma grande variedade de planos, que recebem nomes variados. Tendo em vista as ilustrações de livros infantis, podemos propor uma sintetização prática em: a) plano geral (abrange a pessoa ou objetos "dentro do local de ação e apresenta uma parte do cenário ou paisagem" (Rabaça & Barbosa, 1987); b) plano médio, geralmente frontal, destaca pessoas de corpo inteiro, também aplicável a outros elementos da imagem; c) plano americano, quando as pessoas são desenhadas a meio-corpo; d) *close*, destacando apenas uma parte pequena do assunto.

Há ainda inúmeros recursos técnicos para atender à necessidade de dar muitas informações num espaço delimitado. A mais importante parece ser a simultaneidade, ou seja, concentrar, numa cena, diferentes elementos concomitantes à ação principal. Analisemos, pois, as diferentes formas em que essa simultaneidade pode ocorrer.

Vários ambientes em um só plano

Eliardo França, no livro *O vento* (1989, 8ª ed.), com texto de Mary França, faz quase todas as ilustrações em página dupla e em primeiro plano, mostrando os efeitos do vento em pessoas e plantas. O terceiro texto, por exemplo, destaca apenas dois elementos da cena:

O vento soprou forte.
Levou o chapéu do seu Juca.
Levantou a saia de dona Sônia.

Página dupla de *O vento*, livro de Mary e Eliardo França, em que a imagem se concentra em um só plano e ela apresenta mais informações do que o texto. O educador pode trabalhar exatamente com os detalhes que compõem a cena, como o efeito do vento em todos os objetos e personagens que aparecem no cenário.

A imagem mostra em destaque, à direita, o chapéu de seu Juca voando e a dona Sônia segurando a saia. Muitas outras informações da ilustração completam o texto escrito: inicialmente, o espaço é o de uma cidadezinha, com um riacho atravessando a rua, ligada ao outro lado por uma ponte de pedra. Seu Juca é um carroceiro que atravessa a ponte em sua carroça, carregando capim para o cavalo; dona Sônia é uma mulher mais ou menos jovem, gordota, com um vestido verde de bolinhas vermelhas e seu cabelo castanho é todo despenteado pelo vento.

O espaço da cena comporta ainda outros elementos e personagens não indicados pelo texto escrito. Entre outros, à esquerda, um rapaz entrega uma flor à moça da janela; junto à esquina, o vento acaba de carregar o balão vermelho de um menino etc. Há detalhes menores, como as folhas que caem da árvore por força da ventania. As crianças podem ser estimuladas a encontrar esses detalhes, despertando-se a observação e desenvolvendo-se a elocução.

No conjunto, a imagem se concentra praticamente num só plano (há apenas uma leve perspectiva no quadro) e mostra os efeitos do vento forte, indicado pela primeira frase do texto e que se materializa na ilustração, por meio sobretudo dos cabelos das personagens jogados para o lado esquerdo. É o momento de o educador perguntar nestas páginas de que lado sopra o vento, em que elementos e como ele se faz sentir.

Várias ações num só plano

No livro de imagem *Ida e volta* (1985, 4ª ed.), de Juarez Machado, há vários exemplos dessa técnica básica na economia e expressividade das imagens, em ilustrações de página dupla. A personagem do livro, indicada apenas pelas pegadas num passeio que faz pela cidade, encontra, em uma sequência, uma bola num gramado e põe-se a chutá-la. As pegadas entram pelo lado esquerdo e em seguida se embolam no gramado, concentrando-se num círculo, revelando que a personagem ficou chutando a bola nesse espaço por um certo tempo. À direita, vemos uma parte da casa com uma janela com a vidraça quebrada e a bola no chão, sob a janela. Saindo pela direita, as pegadas da personagem se dirigem para a página seguinte.

Nessa cena, o espaço reuniu o tempo de várias ações ou cenas: a chegada da personagem, sua brincadeira com a bola, o chute que quebrou a vidraça, a bola que ficou sob a janela e a saída "de fininho" da personagem, que não assume o estrago causado pela brincadeira. É o momento de o educador conversar com as crianças sobre o que se passou, sobre as diversas cenas concentradas num só quadro, um bom exemplo de como o "espaço aprisiona o tempo" numa série de ações.

O JOGO DAS PERSPECTIVAS

> A perspectiva em quadros e ilustrações foi criada pelos pintores da Renascença (séculos XV e XVI) e se incorporou às pinturas, fotos e ilustrações em geral. É a "representação gráfica dos corpos no espaço, com variação proporcional do seu aspecto conforme a posição que ocupam em relação ao observador e ao ângulo pelo qual são vistos" (Rabaça & Barbosa, 1987). Ou seja, tudo o que está mais próximo é representado maior do que aquilo que se encontra mais longe, para dar a impressão de distância entre os elementos da cena e da profundidade do espaço. O uso da perspectiva na ilustração de livros para crianças é uma técnica enriquecedora na leitura de imagens e pode ser usada de diversas maneiras.

Várias ações em perspectiva

No livro de Fernanda Lopes de Almeida, *Luciana e a bolsinha nova* (1985), ilustrado por Agostinho Gisé, em páginas duplas, há sequências e cenas que se passam num parque, onde as personagens principais vêm em primeiro plano e as secundárias, que completam o quadro, aparecem ao fundo em perspectiva. Assim, as personagens principais (Luciana e a empregada que a acompanha) são maiores porque representadas em primeiro plano e as outras, inclusive árvores, plantas e passeios, aparecem menores ao fundo, indicando com esta técnica que estão mais distantes. Nas páginas 16-17, Luciana com a bolsinha nova a tiracolo e sua empregada se preparam para dar pão aos patos, que se aproximam da margem. Ao fundo, entre árvores, várias personagens secundárias se apresentam correndo, andando, conversando e sentando junto a uma árvore; à esquerda, um menino lê um livro ou um gibi. Algumas destas personagens secundárias estão presentes nas páginas seguintes em situações ligeiramente diferentes: por exemplo, o menino que lê será abordado por um outro que aponta o livro; pode estar pedindo esse livro emprestado ou perguntando se a história é boa. São hipóteses que podem ser exploradas pelo educador em diálogo com as crianças. São boas ocasiões para desenvolver ludicamente a capacidade de observação delas.

As janelas e a perspectiva

Alguns ilustradores utilizam janelas para enriquecer a cena com dois ambientes (um deles enquadrado por janelas), pelos quais informações diversas são transmitidas ao leitor. No livro de imagem criado por Helena Alexandrino, *O caminho do caracol* (1993), a autora utiliza a janela para ampliar o espaço da cena. O livro, sem texto escrito, narra a história de um menino "prisioneiro" no quarto de seu apartamento, numa cidade desumana e poluída. O surgimento de um caracol no quarto transporta a história do real para a fantasia, pois o menino, montado no animal, se afasta da cidade e faz uma viagem maravilhosa que ao final virá lhe trazer um pouco de alegria em sua vida, preso no apartamento. A história começa na página 3, apresentando a situação inicial, com uma pequena ilustração centrada na página, mostrando um menino triste que olha através de uma vidraça. O leitor vê o menino e se indaga: o que ele vê que o deixa tão triste?

Na página 4, estamos do outro lado da janela. No quarto do menino, no alto à esquerda, a janela nos mostra o que o menino via através da vidraça: uma cidade cheia de prédios iguais, sem árvores e escurecida pela poluição. Dentro do quarto a autora reduziu ao mínimo os elementos significativos, pois o vazio do cômodo enfatiza o vazio da vida do menino. A mobília está reduzida a uma cama estreita e pouco acolhedora, encostada no ângulo das paredes à direita, com uma leve distorção na perspectiva num toque expressionista, que acentua o desconforto da criança[3]. Apenas sob a janela um par de tênis jogado no chão mostra sua inutilidade numa cidade desumana, onde o menino se sente prisioneiro em seu quarto. Acentuando este aspecto, Helena Alexandrino veste o menino com um pijama listrado, mostrando-o simbolicamente usando a roupa que se tornou um código em ilustração: o uniforme com listras dos prisioneiros. Completa o quadro abrindo-se para o desenvolvimento

Ilustração de *O caminho do caracol*, de Helena Alexandrino: ausência absoluta de texto e narrativa composta apenas de imagens, com boa utilização do recurso da perspectiva. Cada elemento sugere informações: a cama estreita e pouco acolhedora, o quarto quase vazio, a janela, o pijama de listras, o tênis jogado a um canto e, como elemento que desencadeará a história, o caracol.

da história no nível do maravilhoso, a presença insólita de um grande búzio, no pé da página, à direita, do qual sairá o caracol que salvará o menino da cidade e de sua solidão.

A janela tem aqui a função expressiva de revelar, para dentro do quarto, as razões desta criança se sentir prisioneira e infeliz. Num mesmo espaço, a ilustradora abre a cena principal para um novo ambiente através da janela.

Do mesmo modo, ao ilustrar o conto de Mirna Pinsky intulado "Pecinhas de armar" (*Assombramento*, 1986), Helena Alexandrino usa a janela para mostrar dois ambientes num mesmo espaço. Elisa, através da janela, olha a chuvarada na rua. A chuva é intensificada pela cor cinza e pelo amplo espaço que ocupa na cena. Abaixo, à esquerda, em perspectiva (Elisa olha do alto da janela para a rua), uma mulher de guarda-chuva, curvada pelo vento, corre à procura de abrigo. Elisa é vista de costas, mas o texto escrito informa sobre o seu aborrecimento nesse dia, em que não pode sair para brincar:

Brincar de quê? Fazer o quê? Ler? Ver televisão? Deitada na cama, Elisa ficava coçando o braço e olhando o teto. Queria sol e espaço para correr (p.22).

Mais adiante a ilustração põe o leitor do lado de fora da janela, vendo a casa confortável, mas entediante para Elisa, nesse dia: a mãe lê ao fundo, numa confortável poltrona. Ao lado, o piano com uma partitura aberta, mas sem ninguém tocando. À direita, uma estante cheia de livros, no chão um álbum de figurinhas aberto e abandonado. Elisa, de costas, mãos para trás, olha tudo sem entusiasmo: "Passeou pela sala: o tédio explodia nela". (Elisa vencerá o tédio "entrando" num jogo de armar, iniciado pelo pai, onde se vê uma paisagem ensolarada num campo bonito.)

Em *Assombramentos*, de Mirna Pinsky e ilustrações de Helena Alexandrino, a janela pontua a narrativa, sendo às vezes vista de dentro e, noutras, de fora. Amplia-se assim o espaço da narrativa e, no caso, explicita-se o tédio de Elisa, presa em casa em um dia de chuva.

49

A janela é pois uma técnica dos ilustradores para ampliar o espaço da narrativa, mostrando cenas diferenciadas e expressivas, ou fazendo o leitor "ver de fora" o que se passa dentro do cômodo em que acontece a história. E dá ao educador a oportunidade de conversar com as crianças sobre o que dizem estes dois espaços, ampliando a competência em leitura de imagem.

Cômodos em perspectiva

Cômodos em perspectiva é uma variante técnica para ampliar o espaço central em que se passa a história. Um bom exemplo são as ilustrações de Agostinho Gisé para o livro de Fernanda Lopes de Almeida, *Luciana em casa da Vovó* (1985). Trata-se de um livro com uma ou duas linhas de texto por página, enriquecido por ilustrações em páginas duplas. Na maioria das vezes, as personagens principais aparecem grandes, no primeiro plano, e menores ao fundo. Outros aspectos da casa e de seus habitantes são utilizadas por Gisé para amplificar os ambientes, abrindo cômodos em perspectiva em relação à cena central. Tomemos como exemplo as páginas 10-11. O texto diz: "Vovó deixa Luciana entrar na sala de visitas. O que Luciana gosta é da bailarina de porcelana".

Luciana em casa da vovó, de Fernanda Lopes de Almeida, ilustrações de Agostinho Gisé: a cena é ampliada por meio de aberturas em perspectiva para outros cenários da casa. O espelho e a janela podem estimular a curiosidade e a imaginação das crianças.

O livro é motivo para um trabalho de observação da casa, com seus móveis, cortinas, quadros, jardins etc., complementando o texto pequeno para leitores principiantes. Nesta página, Vovó e Luciana ocupam todo o primeiro plano, quando Luciana observa a bailarina de porcelana. Entretanto, pela ilustração, temos uma ideia detalhada dessa sala de visitas um tanto antiquada (momento para o educador conversar sobre este cenário e as salas das casas das próprias crianças, além de refletir sobre as mudanças na decoração e no uso de objetos em diferentes épocas).

Além dos elementos da sala propriamente dita, Gisé amplia a cena com três aberturas em perspectiva para outros lugares da casa. À esquerda, o grande espelho na parede do fundo reflete o ângulo oposto da sala: a janela e suas cortinas. Chamamos a atenção para o tema do espelho, muito utilizado pelos artistas, cuja capacidade de seduzir os homens está presente já nas lendas antigas, como a de Narciso. Ao centro, a porta entreaberta da sala mostra uma salinha com mesa e cadeira, tendo ao fundo a escada que leva ao segundo andar. Do lado direito, novamente a técnica da janela vista de dentro para fora mostrando o jardim verde e florido desta casa agradável.

Espaços ilustrados com cômodos em perspectiva são ainda elementos que não só abrem a cena para outros ambientes mas, por isso mesmo, podem desenvolver a capacidade de observação das crianças, estimulada pelos educadores.

O corte de uma casa

Esta técnica é menos frequente em ilustrações de livros para crianças, mas temos um exemplo de Eva Furnari que certamente servirá para aprofundar a leitura da narrativa e da imagem. Trata-se do livro *Traquinagens e estripulias* (1986, 3ª ed.). São várias historinhas sem texto escrito, entre as quais encontra-se "Oi, vamos brincar", que tomaremos como exemplo. Vemos aí uma casa de térreo e dois andares, onde duas crianças chegam à porta da rua e saúdam outra que está na janela do segundo andar. Temos portanto uma visão geral do exterior da casa, onde já podemos conversar com as crianças sobre quantos cômodos há e para que servem, através de suas janelas abertas. Há uma série de indícios, por exemplo, de que o terceiro andar é o quarto do menino, pois além das cortininhas características, há brinquedos

Em *Traquinagens e estripulias*, de Eva Furnari, vários cômodos da mesma casa são vistos por meio de um corte, que permite a "leitura" de várias ações simultâneas. Além de diversão, o livro oferece elementos para se trabalhar o recurso de narrativas paralelas.

na janela. O gato dorme descansado na janela do segundo andar, que, tudo indica deve abrigar uma sala.

Na página seguinte, há um corte da casa por dentro. Aqui a simultaneidade não só mostra diferentes cômodos, como ao mesmo tempo indica diversos momentos da ação. Dividida em três andares, com o telhado em cima, vemos no térreo as crianças que chegam subindo a escada. Ao mesmo tempo, a mãe aparece no segundo andar como que a controlar a entrada dos dois e, finalmente, no terceiro, o menino olha para baixo, do topo da escada, a chegada dos amiguinhos. A história continua com a mesma técnica da casa secionada, em que a ação se desenvolve, ao mesmo tempo, nos três andares. Podemos ver as crianças brincando no segundo, a mãe no primeiro arrumando o lanche para elas, as andanças do gato que, depois de acordar da soneca no sofá, sobe para a sala de jantar, onde vai roubar os bolinhos do lanche.

Embora essa técnica não seja habitual na ilustração dos livros para crianças, estas *Traquinagens e estripulias* são altamente recomendáveis como leitura da imagem, tanto para divertir as crianças como para desenvolver nelas o sentido de sequências simultâneas de narrativas paralelas, no que diz respeito à história em si ou à técnica de ilustração, que amplia a capacidade de observação, de separação de cenas em sequências simultâneas.

É, portanto, fundamental que o professor ou o educador conheça bem a articulação texto/imagem, antes de trabalhá-la com as crianças. Poslaniec fala em dupla narração: "ao enquadramento da imagem corresponde o enquadramento do texto – os narradores [escritores e ilustradores] escolhem alguns elementos da história em vez de outros, para contá-la" (2002). A importância de se aprender a ler a imagem, mesmo nos livros onde há textos, é grande. "O jovem leitor percebe primeiro as imagens, depois ele lê as palavras – afirmam Durand & Bertrand; mas por meio dessas imagens, como por meio das palavras, é o desenrolar de uma única e mesma história que ele acompanha". E concluem: "A criança aprende a ler graças à imagem, porque a imagem exige uma leitura onde a linguagem já está impressa".

Notas

[1] *Les exigences de l'image dans le livre pour la première enfance* (Escarpit, 1973).

[2] *L'image dans le livre pour enfants* (Durand, M. & Bertrand, G., 1975).

[3] Esta ilustração lembra o célebre quadro no qual que o pintor Van Gogh (1853-1890) representou seu quarto.

A NARRATIVA NO LIVRO DE IMAGEM

Aprisionando o tempo

O tempo real em que estamos imersos, marcados pelos relógios segundo a segundo, é um fluir constante e sem limites que não podemos controlar. Daí a velha imagem da "roda do tempo" e seu girar implacável e ininterrupto, a qual estamos presos. Um dos aspectos fundamentais da arte é, no entanto, a tentativa dos artistas de "segurar" ou "fixar" o tempo, aprisionando-o por meio do som (música, ruído), da palavra (literatura oral e escrita) e da imagem (pintura, escultura, cinema, televisão, fotografia, ilustração etc.).

A pintura, por exemplo, capta o tempo no espaço contido num quadro, construindo uma cena que, em geral, inclui o maior número possível de elementos expressivos daquele momento que o pintor quer fixar. "O tempo", escreveu o cineasta russo Andrei Tarkowski, "é um modo de ser, a chama onde vive a salamandra da alma humana". Não por acaso, a tradução de seu livro em português tem o título sugestivo de *Esculpir o tempo*. Diante da tela em branco, o pintor tem a liberdade de colocar todos os elementos que lhe pareçam necessários para melhor expressar seu tema, oferecendo a ilusão de movimento e de ação dos personagens, podendo ainda hipersignificar esses elementos, para proporcionar mais força ao conjunto ou aos detalhes[1].

Já a fotografia[2] não tem a mesma possibilidade da pintura de acrescentar elementos que não estejam realmente presentes na cena registrada, na exata fração de segundo em que o diafragma da máquina fotográfica é acionado. Fala-se antes, nesse caso, em "congelamento" do tempo. A arte do fotógrafo, para conferir à sua foto a expressividade desejada (mesmo as que pretendem captar o mais fielmente possível o real), está em saber utilizar os recursos técnicos que seu equipamento e a revelação lhe proporcionam: sensibilidade do filme, qualidade e potência das lentes, *zoom*, utilização da cor ou do branco e preto, contraste entre luz e sombra, angulação, corte, ampliação etc.

O cinema, por sua vez, além da imagem em movimento por meio dos fotogramas, conta com os recursos adicionais da pintura, da fotografia, dos diálogos, dos ruídos e da música. Tanto no cinema como na literatura, os críticos discutem a existência do chamado "tempo real" e do "tempo psicológico". Este último amplifica um momento intenso, vivido em um espaço curto de tempo, mas marcante. Além do mais, o mesmo cinema se utiliza das mais variadas técnicas narrativas, das mais banais às mais sofisticadas, para criar tensão – em filmes de suspense, mistério e terror – e para intensificar situações dramáticas, direcionadas à sensibilidade e à emotividade do espectador.

A palavra, contudo, é mesmo o "material" mais livre para aprisionar o tempo ou deixá-lo fluir na proporção que o artista bem o quiser, pois não há limites, em princípio, que possam contê-la (a não ser a (im)paciência do leitor), ao contrário do que ocorre no quadro, na fotografia e no desenho, que se encerram necessariamente num espaço determinado. A palavra pode tanto captar um instante vivido em sua forma mais sintética (um grito, por exemplo) – ou, em literatura, nos *hai-kais*, com seus três versos e quinze sílabas – como pode estender-se por páginas e mais páginas, detalhando e prolongando o instante de uma cena.

Um exemplo clássico desse "esticar" o tempo pelas palavras está nas páginas do romance *Albertine disparue* (1925) (*A fugitiva*, na tradução brasileira), do escritor francês Marcel Proust (1871-1922). Proust lança mão de várias páginas apenas para descrever o espaço de tempo em que a personagem Marcel leva para beijar Albertine. No fluir retardado da ação, o escritor revela as sensações de Marcel nesses poucos segundos, recorrendo até mesmo à descrição de referências visuais mínimas, sempre dentro do ângulo de visão da personagem, antecipando na literatura o hoje tão usual *zoom* cinematográfico.

Na ilustração de livros em geral, o artista fica próximo da situação do pintor de quadros, pois, como vimos, precisa condensar em determinado número de páginas – ou mesmo num único espaço da página – os momentos mais importantes ou significativos da história. Entretanto, além disso, o ilustrador de livros para crianças encontra uma dificuldade adicional e bastante específica: ele "desenha para um público bem determinado, não somente sem experiência da realidade plástica, como com estruturas mentais particulares" (Durand & Bertrand). Por isso, sua tarefa exige não apenas competência artística, mas também a necessária sensibilidade para se fazer entender pelas crianças, mesmo as mais pequenas.

O livro de imagem

Utilizamos a denominação "livro de imagem" proposta por Ricardo Azevedo para os livros "que nos trazem estórias contadas por meio de imagens e que não utilizam o texto verbal". Poslaniec considera que estes livros são uma "forma literária específica da literatura infantil, ainda pouco explorada". Ricardo Azevedo também ressalta a pouca exploração do livro de imagens, "uma linguagem, um suporte formal e conceitual, riquíssimo em possibilidades. [...] Essa linguagem, em linhas gerais, seria caracterizada pela articulação de imagens, que dentro de um sistema sintático, acabariam constituindo um discurso". Azevedo considera ainda que o livro de imagem não se limita "a material necessariamente destinado às crianças pequenas", ainda não alfabetizadas. Para ele,

> Os recursos de um livro sem texto estão vinculados, por exemplo, ao discurso cinematográfico e televisivo e às histórias em quadrinhos, ou seja, profundamente comprometidos com os sistemas expressivos contemporâneos, por sua vez cada vez mais ligados ao texto visual, vide o alto consumo, hoje, de

cinema, vídeos, *clips*, televisão, publicidade, *cd-roms*, HQs etc. [...] Nada impede, por exemplo, que seja criado um livro sem texto verbal dirigido ao público em geral, independentemente de faixas etárias. O estudo do discurso, da mecânica, da gramática e dos recursos que regem os livros de imagem são um capítulo, a nosso ver, do estudo geral da literatura infantil (1997).

A narrativa nos livros de imagem

No livro de imagem, para construir sua história, o autor usa recursos da pintura e do cinema, alguns já largamente codificados, mas suas limitações são grandes, pois não podem contar com as funções da palavra na narrativa, tanto na descrição como na representação da ação.[3] Assim, ao analisarmos a história por imagens, além dos elementos tradicionais de sua estrutura narrativa aí presentes, temos que levar em conta alguns aspectos que lhe são próprios e as suas técnicas específicas, como a já comentada intensificação de elementos (hipersignificação)[4] presentes em pinturas e ilustrações em geral. As imagens, nestes livros, "têm um papel fundamentalmente narrativo [incluindo descrição e ação], ao contrário das ilustrações que por muito tempo decoraram os livros destinados às crianças" (Poslaniec).

Assim, no livro de imagem a história se constrói de imagem em imagem. A narrativa é fragmentada, pois entre cada quadro há um espaço (em branco, às vezes limitado por molduras, uma nova página etc.); por isso o autor deve ser muito claro e preciso nos elos de encadeamento de modo que cada quadro tenha traços bem visíveis de sua ligação com o quadro anterior e elementos que "puxam" a narrativa para o quadro seguinte, até o desenlace. Há também muitos detalhes da história, entre um quadro e outro, que devem ser imaginados pelo leitor, e por esta razão a ordenação das sequências e dos cortes deve ter uma organização rigorosa. A técnica da simultaneidade e os indícios gerais indicando a passagem do tempo e as mudanças no espaço são extremamente importantes, destacando-se o gestual das personagens e tudo o que indica a ação e movimento, para que a história seja bem compreendida. Mais do que nunca, é importante a leitura circular da imagem para dar ao leitor, em primeiro lugar, uma ideia geral da cena.

> Um trabalho minucioso com as crianças, apontando ou levando-as a descobrir esses elementos técnicos que fazem progredir a ação ou que explicam espaço, tempo, características das personagens etc. aprofundará a leitura da imagem e da narrativa e estará, ao mesmo tempo, desenvolvendo a capacidade de observação, análise, comparação, classificação, levantamento de hipóteses, síntese e raciocínio. No decorrer de algumas sessões de leitura do livro de imagem, a criança vai entendendo o "como se faz ou é feita" essa história. Tudo isso exige do pequeno leitor competências específicas e domínio da estrutura e das técnicas da narrativa.

A narrativa nos livros de imagem pode ter um encadeamento muito simples, mas pode também chegar a estruturas bem complexas, que exigirão do leitor muita atenção para entender o desenrolar da história, suas sequências e cenas, e seu epílogo. Faremos a seguir a análise de quatro livros de imagem, partindo de um bem simples, uma historieta de *A Bruxinha atrapalhada* (1985, 5ª ed.), criada por Eva Furnari, muito próxima das tiras sem palavras, passando em seguida à análise de *O gato Viriato* (1993), de Roger Mello, que está a meio caminho entre as técnicas das tiras e das histórias em quadrinhos e as narrativas comuns nos livros de imagens. Analisaremos em seguida uma história bem complexa, *Outra vez* (1984), de Ângela Lago, e uma última, que se coloca no extremo oposto, *História de amor* (1992), de Regina Rennó, que, com um mínimo de recursos visuais, conta uma história bem estruturada.

Exemplo 1
"O chapéu", de Eva Furnari, historieta de *A Bruxinha atrapalhada*. São Paulo, Global, 1985, 5ª ed.

59

O livro traz várias histórias sem texto verbal, contadas por meio de seis, nove ou mais quadros. "O chapéu", que utilizaremos como exemplo, tem seis. Eva Furnari utiliza a técnica da *tira*, historieta sem palavras, cômicas ou humorísticas, que se tornaram comuns em jornais, revistas e gibis, além de terem figurado em livros didáticos, como a que mostramos no segundo capítulo, "A estrutura da narrativa no texto escrito e no texto visual". Por serem histórias curtas e completas, elas "apresentam o desenvolvimento de uma ação por meio de alguns momentos expressivos fixados em diversos quadrinhos" (Cagnin)[5]. (No caso de nossa historinha são retângulos). Nessas tiras há duas variantes de término da narrativa: "o desenlace do último quadrinho marca o fim da história"; em outra, "a ação é suspensiva, exige uma ação mental que lhe dê continuidade" (Cagnin).

Furnari utiliza a segunda modalidade nas historietas de *A Bruxinha atrapalhada* e elas se aproximam da estrutura da anedota: a cena final não é propriamente um desenlace, mas uma situação inesperada e cômica. Um "solavanco mental", como escreve Elias Thomé Saliba, pois "o humor brota exatamente do contraste, da estranheza e da criação de novos significados". Caberá ao leitor fazer a interpretação necessária para entender o que se passou no último quadro. As histórias da Bruxinha mostram que ela gosta de usar sua varinha de condão, mas, ainda sem o traquejo das bruxas formadas, acaba fazendo artes pela metade, causando grande espanto nela própria e no seu inseparável gatinho.

Em "O chapéu", do ponto de vista do espaço, o quadro revela que a história se passa num jardim, usando apenas um banco em fundo branco, elemento econômico e suficiente para situar a Bruxinha num ambiente determinado. Esse espaço abre a possibilidade para a presença de um passarinho, personagem central da mágica da Bruxinha. Para introduzi-lo no primeiro quadro, Furnari usa um recurso comum entre os quadrinistas – o chamado "metaquadrinho". Trata-se do uso das linhas da moldura que limitam o espaço da cena, quebrando-se esta norma e ampliando-se o ambiente para fora do quadro, onde se vê o pássaro pousado na linha da moldura, que assim, transformado em poleiro, se integra à cena.

Situação inicial de equilíbrio:

A Bruxinha está sentada no banco com seu gato dormindo refestelado no chão (observar mais um metaquadrinho: o rabo do gato ultrapassa a linha do retângulo) e ela observa o passarinho que pousou na moldura.

Desenvolvimento:

Começa a se delinear o problema: a cena mostra que o *tempo* passou, pois o pássaro voou e está já pousado no banco. A Bruxinha olha o pássaro e parece estar pensando em fazer algo com sua varinha. Os indicativos gráficos são: as mãos juntas segurando a varinha; os olhos pontudos voltados para o pássaro; o gato, já acordado, olhando apreensivo para a Bruxinha, desconfiado de que virá mais uma mágica atrapalhada e seus problemas subsequentes.

A Bruxinha faz sua mágica. O seu "esforço" está na língua de fora, gesto gráfico comum em situações de trabalho aplicado. Novo passar do tempo: a mágica está no meio, pois o pássaro está desaparecendo sob o olhar espantado do gato.

A Bruxinha conseguiu seu intento e vemos um chapéu em lugar do passarinho. Ela está contente (observar o risco da boca, em curva para cima) e olhar entre aliviado e desconfiado do gato.

Contente, a bruxinha põe o chapéu novo na cabeça, sob o olhar agora mais descansado do gato, que parece achar que desta vez a mágica deu certo (olhos semicerrados do gato, como se ele começasse a entrar em novo momento de descanso).

Desenlace:

Ocorre, como na anedota, uma situação inesperada e problemática, mas engraçada: a mágica mais uma vez não deu certo. O chapéu contém elementos não transformados do pássaro (as asinhas no chapéu) e sai voando. A Bruxinha e o gato mostram expressão assustada: olhar arregalado, braços abertos, cabelo voando e a boca em forma de O, outro signo gráfico comum para revelar espanto, e que também se encontra no gato.

Em seis quadros, Furnari desenvolveu plenamente e sem palavras a sua história, com os três momentos tradicionais, mas com o fim da estrutura da anedota, com seus componentes específicos, como indica Saliba: "concisão, brevidade, trucagens, rapidez, reversibilidades de significados...".

Exemplo 2
" O Pato", pequena história em *O gato Viriato,* de Roger Mello. São Paulo, Ediouro, 1993.

As histórias apresentadas neste livro de Roger Mello contêm elementos das 'historietas sem palavras" e das tiras de quadrinhos, tanto pela disposição na página, que se divide em uma, duas ou três cenas, quanto pelo uso de certos códigos gestuais comuns nas HQs.

"O Pato" apresenta 17 quadros, rigorosamente organizados em quatro sequências e dois interlúdios, seguindo ainda a estrutura tradicional. Um aspecto marcante do estilo do autor é apresentar os quadros sem usar as tradicionais *molduras*, as linhas que enquadram as cenas nas tiras. As cores do fundo, em branco ou coloridas em forma irregular, não só indicam um espaço e um tempo na narrativa, como servem de separação entre as imagens.

Situação inicial de equilíbrio:

No início do livro, apenas uma cena: quatro patos e patas descansam na grama (espaço), durante o dia (indício: céu azul).

Desenvolvimento, primeira sequência: ocorre o episódio do encontro com o ovo e o nascimento do patinho. Esta sequência coloca o problema e está dividida em quatro cenas:

Viriato pula nos patos, que fogem, deixando um ovo na grama. É uma cena com elementos de simultaneidade, pois entre o surgimento do gato e a fuga dos patos decorre um certo tempo: a chegada do gato, o susto dos patos, os quatro voando para longe. A ação é concentrada no seu desenlace, pois só há apenas dois
patos, o que sugere que os outros já pularam fora. Da mesma forma, Viriato é apresentado num grande pulo, subentendendo-se sua aproximação silenciosa e os pulos para assustar o bando.

O espaço continua o mesmo, mas o tempo passou: o fundo rosa coloca a cena ao entardecer; a grama já está sombreada anunciando a noite. Acabada a brincadeira com os patos, Viriato se defronta com um enigma: ele examina intrigado o ovo, pois parece não saber o que é. O código de expressão de seus olhos, as orelhas aproximadas, indicam curiosidade e questionamento: "o que será isto?"

O espaço continua o mesmo, mas o tempo passou de novo: é noite (fundo preto, lua cheia). Viriato dorme (repouso, rabo alongado no chão, descontraído, olhos bem fechados) com as patinhas sobre o ovo.

O espaço é ainda o mesmo, mas há nova indicação que o tempo passou: o céu está arroxeado mostrando que o dia amanhece. Entre uma cena e outra há muito "branco" para o leitor preencher, pois a ilustração capta apenas o momento mais importante: o susto do gato ao ver

um patinho saindo do ovo. No pulo do bichano, "congelado" no ar, os elementos hipersignificados para acentuar que o susto foi muito grande, ao ver sair um animalzinho daquela "coisa" intrigante que os patos deixaram na grama. Um pulo de personagem é o código visual comum nas HQ e tiras para indicar susto. Outros indícios: os dedos abertos da pata, com as unhas aparecendo, a boca entreaberta e sobretudo os olhos.

Primeiro Interlúdio, com situação de equilíbrio[6]. Roger Mello, com originalidade, separa cada sequência por uma cena independente, onde a ação se repete por um certo tempo.

Viriato adotou o patinho e está muito orgulhoso disso. O espaço mudou: uma cerca ao fundo e o andar do gato mostram a continuidade desse passeio. O tempo é indeterminado pois a ação (passeio) é
contínua. A linearidade da cerca pode indicar que ela se prolonga, marcando a ação continuada da cena. Também o fundo branco pode ainda marcar a continuidade da ação: não é um momento preciso do dia ou da noite, como na sequência anterior, mas algo que se repete durante o dia todo.

Desenvolvimento, segunda sequência: episódio da paixão instantânea de Viriato por uma gata.

Viriato encontra uma gata e se apaixona: amor à primeira vista. O coração acima da cabeça do gato é o código mais banal de amor. Os riscos em torno da cabeça dos gatos é também um código comum de HQ indicando espanto, aflição. Os olhos arregalados dos bichanos mostram o espanto pelo *"coup de foudre"*.[7]

A simultaneidade concentra vários momentos da ação num único quadro. A gata, com olhos gulosos, antropomorfizada, aponta para sua boca aberta (ao mesmo tempo simulando um pedido e o ato de comer). Ela quer um presente: comer o patinho. Viriato entende e fica perturbado. Ele aponta o bichinho como a confirmar o pedido. Sua expressão é  de descontentamento: boca curva para baixo, orelhas para dentro, dedo indicando o patinho. O gestual dos gatos monta a sequência da ação e até indica um diálogo entre eles, facilmente compreensível pelos desenhos.

A cena colocada na parte de baixo da página dá ao leitor o tempo de se indagar o que fará Viriato: vai, por amor, dar o patinho para a gata gulosa? Que nada! O amor ao patinho é maior que a paixão pela gata, que, por sinal, não compreende a importância que Viriato dá ao seu *pet* de estimação. Viriato reage com raiva,  coloca para correr a gata exigente, que não o entende.

Na cena acima, temos também elementos de simultaneidade da ação: decorre um tempo entre a reação agressiva de Viriato e a fuga da gata amedrontada. Os indícios da raiva dele e suas consequências são hipersignificados: o pulo de raiva e de ataque, congelado no ar (até o patinho é arremessado para cima), num só desenho, o pelo arrepiado com o rabão grosso esticado para cima, as patas abertas com as unhas à mostra, o olho oblíquo convergindo para o centro com as pupilas na ponta inferior e a boca em curva para baixo (códigos de pessoa zangada). A fuga da gata também é hipersignificada: em destaque o código plástico para indicar corrida muito rápida: as pernas da frente estão esticadas para trás e aparecem além das patas traseiras, olhos assustados e boca para baixo em curva de desapontamento.

Segundo Interlúdio, com novo período de equilíbrio.

Resolvida a preservação de seu bichinho, novamente uma cena em que a ação é repetida por tempo indeterminado. Viriato continua a passear muito orgulhoso e responsável com seu patinho (observar que a expressão da cara do gato é a mesma daquela do primeiro interlúdio), mesmo quando chove. O bichinho está confortavelmente abrigado por um  pequeno guarda-chuva. O espaço mostra o tempo chuvoso, com um fundo cinza esverdeado, cortado pelos fios da chuva.

Desenvolvimento, terceira sequência: Viriato ensina o patinho a voar.

Cônscio de suas responsabilidades, mas sem experiência com patos, Viriato faz tentativas de ensinar o patinho a voar. Na primeira cena ele tenta mostrar como se voa, sacudindo as patas dianteiras, diante do patinho colocado num degrau. A repetição dos membros para indicar ação continuada é também um código comum e um dos processos marcantes, por exemplo nas tiras do cartunista Glauco (Geraldão e Geraldinho).

Entre os dois quadros desta cena, corre o tempo para o patinho tentar voar, fracassar e cair de cabeça no chão, sob a expressão de decepção e preocupação do gato (patas junto à cara, expressão dos olhos e das orelhas). É de manhã: o céu está azul.

67

Ao meio-dia (céu amarelo de pleno sol), a lição continuava sem sucesso.

Agora Viriato tenta segurar o patinho no ar com um paraquedas. Como o quadro é de fim de página, o leitor pode se perguntar: será que agora o patinho aprende a voar? Mais um insucesso: um tempo entre os dois quadros, intuindo-se o momento em que o patinho se atira no ar. Na cena, o bicho já está estatelado no chão com o paraquedas quebrado. Viriato desanimado: linha da boca para baixo, olhos desconsolados (amendoados, do centro para fora e pupilas embaixo). O tempo também passou e intui-se que o gato continuou o dia inteiro tentando ensinar o bichinho a voar. O céu rosado indica já o crepúsculo. O paraquedas pode ser a última tentativa.

Terceiro Interlúdio: ações se repetem no tempo e no espaço.

Viriato continua passeando com seu patinho enquanto os outros gatos (antropomorfizados) riem: dedos apontados para Viriato, gargalhadas; o gato amarelo ri tanto que até se deita no chão com as patas na cabeça. Viriato passa com muita raiva: olhos amendoados retos, pupila na ponta, rabo para cima. O patinho, que até então se mostra contente, vira-se desconfiado.

Quarta Sequência: o desenlace. Viriato consegue voar com seu patinho.

O tempo passou novamente. O céu tem uma cor esverdada indefinida. Viriato passa diante dos outros gatos com uma expressão segura de si (a linha da boca,

acentuada e para cima) com o patinho nas costas já sacudindo as asas. Talvez ele tenha contado o que vai fazer aos outros, que, incrédulos, esperam um desastre: olhos de espanto, o gato amarelo põe patas na cabeça no código de "nossa, o que vai acontecer agora!!".

A cena final do desenlace, ocupa página dupla em toda a sua extensão e termina num mundo de fantasia: Viriato com as patas abertas e o rabo esticado dando equilíbrio, voa sobre a planície com o patinho sacudindo as asas. Ele finalmente está voando!

Exemplo 3
Outra vez. Angela Lago. Belo Horizonte, Miguilim, 1984.

Outra vez, de Angela Lago já se tornou um clássico entre os livros brasileiros para crianças. Na fase pontilhista da autora, o preenchimento integral do espaço na página com um grande número de detalhes (muitos deles decorativos), dentro de molduras variadas e ricas, costuma causar dificuldade para entendê-lo. Entretanto, essa profusão de detalhes é "um olhar pessoal sobre o mundo, em que cada objeto, cada coisa, tem sua razão específica de ser, de estar ali. E o lápis apenas traduz esta capacidade de se maravilhar, saída da observação minuciosa do cotidiano. Busca de um espanto que é preciso saber proteger para oferecê-lo aos outros com pequenos toques delicados onde surgem aqui e ali um piscar de olhos e de humor". Estas palavras de Philippe Davaine, ilustrador francês, a propósito de seus desenhos, é um comentário adequado ao estilo de Angela Lago nesta obra.

A estrutura do livro pode ser classificada como uma "história de caminhada", com final circular, daí o título, *Outra vez*, um convite para se recomeçar a leitura. Segue, entretanto, a estrutura tradicional da narrativa, mas para não nos perdermos no intrincado de detalhes e nas pequenas histórias colaterais que acontecem paralelamente à história principal, precisamos primeiro encontrar o fio condutor da narrativa, que é o percurso do vaso de flores. Ele é o presente de alguém que ama e a narrativa vai nos mostrando que este amor não é correspondido. Pode ser uma alusão e representação plástica da conhecida "Quadrilha" de Carlos Drumond de Andrade[8]: o cachorro que ama a menina negra, que ama o menino glutão, que ama a gata vaidosa e fútil, que só ama a si mesma.

Situação inicial

Ilustração de *Outra vez*, de Angela Lago: profusão de detalhes e histórias colaterais, numa narrativa que já começa desde a própria capa e da folha de rosto do livro, para onde retorna após seu desenlace, numa trajetória circular.

Podemos dizer que a situação inicial já está na capa, quando o cachorro jardineiro (indícios: o regador e o garfo de jardim) entrega o vaso de flores à menina. Muito sugestiva e original é a página de rosto – uma espécie de interlúdio – onde vemos a menina caminhando para a direita, passando em frente de um *outdoor*, onde estão os dados sobre nome do livro, da autora e da editora. Atrás dela, o cachorro, com o dedo na boca, pede silêncio: a história vai começar, é só virar a página. Em seu desenvolvimento, a história comporta quatro sequências:

Primeira Sequência – Sem dar importância ao presente do cachorro, a menina negra presenteia o menino branco com o vaso de flores.

Segunda cena da primeira sequência de *Outra vez*.
A menina, feliz, oferece o vaso de flores ao menino.

Na primeira cena, a menina se dirige para a casa do menino, com o vaso nas mãos e seu fiel cachorro atrás. Na segunda cena desta sequência, o menino abre a porta e a menina, com uma expressão de alegria contida (sorriso esboçado e olhos fechados), se apresenta oferecendo-lhe o vaso.

Segunda Sequência – O menino branco, que rejeita o amor da menina negra, troca o vaso de flores por um prato de suspiros de D. Quimera.

Segunda cena da sequência seguinte: o menino, por sua vez, debruça-se na janela de D. Quimera e propõe trocar o vaso de flores pelo prato de suspiros.

71

Na primeira cena da sequência, o menino sai sorrateiramente de sua casa e se dirige para a casa em frente. A menina, muito triste, com o rosto abaixado, os olhos para baixo, as mãos juntas, entende a rejeição de seu presente e volta para sua casa, saindo pela esquerda. Na cena seguinte, debruçado na janela da casa de D. Quimera[9], que está cozinhando, propõe a troca do vaso pelo prato de suspiros. Feita a troca, o menino sai pela esquerda, na próxima cena, já comendo, saudado por D. Quimera à janela, com seus gatos. À direita, uma cabra aproveita para comer uma flor do vaso, colocado à janela.

Terceira Sequência – O gato de tapa-olho rouba o vaso da janela e vai oferecê-lo à gata vaidosa e fútil.

Primeira cena da terceira sequência: o vaso é roubado pelo gato, que irá oferecê-lo à gata na cena seguinte.

Nesta sequência, na primeira cena, o gato rouba o vaso, enquanto o cachorro corre atrás da cabra que pegou uma flor. O gato sobe no telhado, com o vaso numa das patas e vai oferecê-lo à gata que está deitada numa almofada diante de sua mansarda. Embaixo, o cachorro avisa alarmado do perigo que corre o vaso de despencar da pata do gato. Na cena seguinte, o gato, sempre segurando o vaso na pata, faz uma declaração de amor à gata, cantando, acompanhado pela flauta da cabra. A gata tapa os ouvidos com as patas, enquanto o cachorro aguarda embaixo, aflito, o desastre iminente.

O desastre acontece na próxima cena: o vaso está caindo do telhado. Todos se alarmam com o desastre (a gata com a boca em "ó", o macaco no telhado com as mãos na cabeça, o gato com uma das patas na cabeça e a outra na boca, um código gráfico que diz mais ou menos: "o que eu fiz?!"). Embaixo, o cachorro com a língua ainda maior para fora estende as pernas da frente para aparar o vaso.

Depois, o cachorro já agarrou o vaso e parece que vai sair de cena. O gato, no telhado, tapa os olhos e a gata "se recolhe aos seus aposentos". As personagens secundárias, que acompanhavam tudo, aplaudem: ratos na janela, o sapo bate palmas (no canto extremo esquerdo embaixo), o anjinho sorri.

Desenlace

Quarta Sequência: O cachorro corre de volta à casa da menina e lhe dá de novo o vaso. Com um grande abraço de ternura, ela entende quem a ama e retribui.

O cachorro corre com o vaso, que será devolvido à menina:
o desenlace faz a história retornar ao ponto de partida.

Na primeira cena do desenlace, já de manhã, o cachorro corre na rua em direção à casa da menina. Os ratos festejam a retirada da gata e pulam em sua almofada; outros puxam o sino da igrejinha anunciando a manhã, o gato de tapa-olho, na página esquerda, embaixo, continua com os olhos tapados pelas patas, desesperado com o desastre. Na cena seguinte, a menina recebe o vaso e abraça o seu cachorro fiel. O sol sorri no alto à esquerda, dentro da moldura, e a borboleta amiga, que acompanhou tudo nas costas da menina, sai voando pelo lado direito.

O espaço da história é sempre o mesmo, reproduzindo um recanto de cidade barroca mineira estilizada[10], levemente deformada na perspectiva expressionista. Com exceção da última página, todas as cenas ocupam páginas duplas não numeradas, dando espaço para todos os elementos principais, secundários e decorativos. Cada cena é limitada por cercaduras diferentes, com motivos geométricos ou florais.

A técnica simultaneísta, de diferentes tipos, é amplamente empregada. Desde os planos gerais, tomados de cima para baixo para se ter uma visão ampla do espaço em que se desenrola a história em seus elementos principais e secundários ou complementares, ao uso de suprimir uma das paredes das casas (de D. Quimera e do menino). Assim, pode o leitor ficar a par do que se passa dentro e fora das casas. Janelas e portas se abrem oferecendo ampliações de espaços previstos pela autora, mostrando interiores, outros ambientes, móveis, objetos das casas, ações paralelas, detalhes sobre personagens, como os gatinhos de D. Quimera dormindo, um dos quais com chupeta.

O tempo da narrativa transcorre a partir de um momento inicial da noite até o amanhecer, cujos indícios são facilmente detectáveis: céu escuro carregado de estrelinhas, que vai clareando até o nascer do sol (o qual aparece ainda rosa entre as montanhas) na segunda cena da última sequência, quando o cachorro, abraçado ao vaso corre em direção da casa da menina. E os ratinhos tocam o sino da igrejinha, anunciando o dia.

Assim, a história toda se passa à noite, hora do sonho e da fantasia, onde o tempo se esgarça e se torna impreciso. É quando a fantasia se expande, surgindo histórias secundárias: a dos anjinhos de pedra de um portal, que acordam, acompanhando a história principal e fazendo travessuras, como por exemplo, xixi na fonte redonda sob o espanto do peixinho vermelho. Ou os sapos que tomam banho e namoram; as inúmeras brincadeiras dos ratinhos; o cansaço da formiga que ajuda um caracol a subir uma escada e acaba resolvendo seu problema em outra página, colocando o bicho num carrinho.

Até detalhes muito pequenos e difíceis de acompanhar, como a trajetória de um ramo de salsa que aparece primeiro na mesa da cozinha de D. Quimera e reaparece mais tarde espetado na flecha de uma igreja acima de um frango assado que será saboreado pelos ratinhos; na penúltima cena a salsa está sendo comida por um deles. Todo um mundo noturno de fantasia, que desaparece na realidade do cotidiano, quando chega o dia: os anjinhos voltam a ser anjinhos de pedra imóveis e os bichinhos desaparecem em suas tocas e esconderijos.

Os elos de encadeamento da narrativa, entre sequências e cenas, são também elementos a serem destacados. Por exemplo: no início da segunda sequência, quando o menino sai pela direita com o vaso (despertando no leitor a pergunta: "Aonde ele vai? O que será que vai fazer com o vaso?"), encerra-se a primeira sequência, com a menina saindo pela página da esquerda, com expressão triste porque seu presente (e seu amor) foi rejeitado. Assim, uma sequência se imbrica na outra, garantindo o transcorrer natural da história, apesar da fragmentação normal que ocorre em livros de imagens, entre uma ilustração e a seguinte.

Na segunda cena da segunda sequência, o gato de tapa-olho, protagonista da próxima fase da história, já aparece no alto do telhado à direita, observando o vaso que foi posto na janela por D. Quimera e será roubado por ele na primeira cena da sequência seguinte. Esses elementos que ligam as cenas e sequências sem criar hiatos na história ocorrem em todo o livro.

O elo constante entre as ações que se sucedem é o cachorro, que está em todas as páginas acompanhando a história que ele anuncia na página de rosto. Vai com a menina entregar o vaso; volta-se descontente observando o menino sair com o vaso. Da porta da casa do menino, olha-o pendurado de fora para dentro, na janela de D. Quimera, propondo a troca do vaso por suspiros. Na cena seguinte, enquanto o menino guloso se despede, à esquerda, de D. Quimera, à janela com seus gatinhos, o cachorro aparece à direita, de meio corpo, tomando conta do vaso e observando a cabra que vem comer as flores.

Na cena seguinte, enquanto o gato rouba o vaso da janela, o cachorro persegue a cabra que foge com a flor na boca. Em seguida, quando o gato se pendura no telhado para oferecer o vaso à gata vaidosa (fitas, óculos de gatinho, almofada e tapete) e exibida (espelho e palco armado para ela), o cachorro, embaixo, adverte nervoso sobre o desastre iminente: o vaso pode cair lá de cima e se esborrachar no chão. Aparece mais aflito ainda na cena seguinte, com a língua de fora e, em seguida, já se prepara com as pernas dianteira abertas para cima a fim de amparar o vaso que está caindo. E termina a história com ele retomando o vaso e o levando para a menina negra. A "quadrilha do amor não correspondido" se desfaz: o amor do cachorro é recompensado pela menina, e não por acaso, a flor do vaso é o amor-perfeito.[11]

Outra vez é um livro riquíssimo, para ser lido em diferentes níveis e momentos, acompanhando a história principal (com o entendimento da estrutura narrativa, elementos da ação, expressão das personagens e o que dizem etc.), observando em seguida as cenas secundárias (descritivas e de ação), com todos os detalhes da ilustração: os mais simples como os elementos decorativos (flores nos jardins), móveis e objetos das casas até o cenário da cidade barroca mineira. É um livro complexo, mas analisar e vencer sua complexidade é um desafio que trará um grande alargamento na capacidade de leitura da imagem pelas crianças.

Exemplo 4
Uma história de amor. Regina Coeli Rennó, Belo Horizonte, Editora Lê, 1992.

Ao contrário do livro de Angela Lago e seus detalhes ocupando toda a superfície das páginas, a história de amor de Rennó coloca-se no outro extremo: a economia absoluta de linhas e cores, em fundo branco, para contar uma velha história: o casal feliz é separado por uma terceira personagem. A segunda relação não dá certo e o parceiro, arrependido, volta à relação antiga.

As personagens são metáforas representadas por lápis levemente antropomorfizados, cujo gênero é caracterizado pelas cores convencionais: rosa para mulher e azul para homem. Essas cores são predominantes no livro para marcar lugares e momentos vividos pelas personagens. A recorrência geral das duas cores é um traço de hipersignificação da relação feliz entre os lápis rosa e azul.Toda a história está desenhada dentro de quadrados localizados no meio da página. As cercaduras, também em rosa e azul, combinam com as personagens em ação. E a estrutura é tradicional: apresenta cinco sequências com um número variado de cenas.

Situação inicial de equilíbrio. Primeira sequência: Rosa e Azul se amam.

Toda esta sequência, com quatro cenas, expõe a situação inicial de equilíbrio. Os lápis Azul e Rosa se amam (cena 1, p.6), o amor representado pelo código do coração; se abrigam da chuva lá fora (casa sob a chuva, p.7) no aconchego da cama (cena 2, q.2, p. 8). Depois de passada a chuva (indício: arco-íris e sol), passeiam no parque, onde contemplam o sol, as flores e as borboletas (cenas 3 e 4). Tudo num clima de perfeita correspondência visual.

Uma das cenas da primeira sequência de *História de amor*, de Regina Coeli Rennó. Os lápis Azul e Rosa, apaixonados, admiram o sol depois da chuva.

77

Desenvolvimento: o problema desfaz o equilíbrio. Segunda Sequência – Aparece a rival amarela.

Segunda cena da segunda sequência: após conhecer o lápis Amarelo, o lápis Azul vai embora com ele. Lápis Rosa fica só.

Na cena 1 (p.11) surge o lápis Amarelo que seduz o lápis Azul. Plasticamente, este já é desenhado separado do Rosa e voltado para o Amarelo. Na cena 2, reproduzida acima, as imagens mostram apenas o percurso do encontro dos dois e o abandono do lápis Rosa. Azul vai embora com Amarelo.

3ª Sequência – Tristeza do lápis Rosa e busca de soluções para reconquistar o Azul.

O lápis Rosa manda um coração flechado pela janela, que no entanto permanece vazia, sem resposta.

São cinco cenas em que a lápis Rosa, abandonada, primeiro sofre triste no banco do jardim (cena 1, p.14), volta triste, se arrastando para a casa (p.15). Na cama, pensa em diversas maneiras de reconquistar o lápis Azul ou destruir o Amarelo (cena 3, p.16). Decide-se por mandar um coração flechado pela janela (cena 4, p. 17), mas a janela permanece vazia (cena 5, p. 18).

Quarta Sequência – Lápis Rosa parte em busca do Lápis Azul.

Lápis Rosa, triste, abandona a casa em que morava com o lápis Azul.

Na primeira cena, Lápis Rosa abandona a casa e parte com mochila nas costas. Na cena seguinte, num barquinho de papel, inicia sua viagem.

Quinta Sequência – Lápis Azul, arrependido, volta à procura do Rosa.

Lápis Azul volta para casa, mas não encontra mais ninguém.

Lápis Azul chega choroso e encontra a casa vazia. Na cena seguinte, sentado na praia, vê ao longe, um barquinho de papel.

Desenlace (em aberto). Sexta Sequência.

O final da história fica por conta do leitor: na cena única, vemos apenas as ondas chegando na praia e o lugar vazio em que esteve sentado o Lápis Azul, marcado por uma mancha marrom. Teriam se reencontrado e voltado para a casinha? Ou aconteceu um desencontro (o barquinho não estava chegando na praia mas se afastando) e ele foi embora sozinho?

O que torna este livro interessante são os recursos plásticos mínimos e banais (como o uso dos códigos gráficos mais comuns em tiras, HQ e publicidade), mas que a autora usa com grande criatividade para contar sua história, de modo singelo. Os espaços entre os quadros são fundamentais para dar lugar ao fluir do tempo, dos fatos e das ações das personagens. Marcados com elementos mínimos, eles são entretanto suficientes para não deixar a história com hiatos e estimulam o leitor a completá-los sem esforço.

Inicialmente, a casa (aquela banal, que todos nós já desenhamos), símbolo de abrigo, de proteção, representa o clichê do "ninho de amor". A chuva, vista primeiro do lado de fora e depois pela janela do quarto onde os dois lápis se amam, completa essa ideia de aconchego e amor. Novamente, a técnica da janela é um elemento não só de alargamento dos planos do desenho como também de expressão.

Importante do ponto de vista do espaço e deste reunindo diversas ações em sequência temporal é a página dupla 12-13, (cena 2 da segunda sequência), que se abre para narrar o clímax da história. Apenas linhas onduladas azuis e amarelas, contam a aproximação da lápis Amarelo sedutora, a separação do lápis Azul que vai ao encontro do Amarelo, o abandono do lápis Rosa, embaixo à esquerda, e o percurso dos dois que somem no alto da página à direita. Assim, com apenas três elementos (duas linhas onduladas e o Lápis Rosa abandonado), Rennó estimula o leitor a imaginar todos os momentos desta cena que concentra tempos diferentes, marcando com clareza o tempo em que eles acontecem e a tensão criada na narrativa.

Outra técnica original de Rennó são os traços que rabiscam a casa, o sol, as flores, o arco-íris etc. para inutilizá-los, expressando o fim do amor, a casa vazia etc. Da mesma forma, a expressão "humana" dos lápis, ao contrário do que fazem normalmente os ilustradores, antropomorfizando animais e coisas, é mostrada apenas pelas ondulações dos lápis que lembram iconicamente o corpo de pessoas humanas. A autora não faz a menor concessão, no seu minimalismo expressivo: os lápis têm ponta e não há sinais indicando olhos, bocas etc. A tristeza é mostrada apenas pela curvatura depressiva dos lápis, com mais um código banal: uma ou duas lágrimas junto à ponta dos lápis.

Entretanto, apesar do uso intencional dos códigos comuns e extremamente simples como narrativa visual sem palavras, esta história tem todos os elementos essenciais, tanto de espaço como de tempo, além da expressividade, para contar o enredo e estimular o leitor a completar o que não está explicitamente desenhado nas páginas.

Enfim, a leitura de uma imagem vai muito além da simples apreensão denotativa do que está representado. Como escreve Christian Bruel, editor e escritor de literatura para crianças, é preciso "ler a imagem como parte essencial da narrativa, ler entre as imagens, ler as cores, para além de uma boniteza e de um estetismo simplório de colorização; ler o branco e o preto, ler as rupturas de páginas, ler a maquete, ler o ritmo, a articulação do texto e da imagem, sua disposição relativa na página dupla, unidade de base do livro. *Isso se aprende: é preciso aguçar o olho, o olhar e aprender a decodificar todos estes elementos constitutivos do sentido*" (grifo nosso).

Notas

[1] A *hipersignificação* nos códigos gráficos e picturais é o exagero na expressão e no gestual das personagens, muitas vezes colocando no mesmo espaço movimentos que não acontecem ao mesmo tempo na vida real.

[2] Pelo menos antes desta nova fase, que se iniciou nos últimos anos, nas reproduções-recriações do real, feitas por meio da montagem e da manipulação digital por computador.

[3] Nas histórias em quadrinhos há ainda o recurso das palavras.

[4] A ilustração de livros infantis utiliza frequentemente técnicas e códigos das histórias em quadrinhos e que nos apresentam muitos elementos de hipersignificação. Esses códigos foram sendo construídos na evolução dessas histórias que criaram

uma linguagem gráfica específica, porque na maior parte delas o texto escrito, quando presente, é mínimo. Há assim um exagero intencional na expressão e no gestual das personagens e situações. O susto, por exemplo, é hipersignificado pelo pulo da personagem, como veremos na análise de *O gato Viriato*, neste capítulo. Outros elementos podem ser acrescentados, como os cabelos em pé, a boca muito aberta etc. No choro, exageram-se as expressões faciais e se colocam lágrimas grandes saindo dos olhos da personagem e envolvendo-a (um bom exemplo de hipersignificação de choro e desespero é o quadro "Os retirantes", de Portinari). A velocidade é indicada plasticamente por riscos em torno da personagem, retos ou curvos, conforme a situação etc.

[5] Antonio Luís Cagnin, *Os Quadrinhos*, São Paulo, Ática, 1975.

[6] Chamo de "interlúdio", nesta história, algumas cenas em que a narrativa retorna a um breve equilíbrio: o gato aceita a situação e mostra estar satisfeito com ela.

[7] A expressão francesa para "amor à primeira vista", *coup de foudre* (trovão, descarga elétrica por raio, paixão súbita) me parece muito interessante, pois dá ideia do choque de uma paixão instantânea, associada à descarga elétrica de um raio.

[8] João amava Tereza que amava Raimundo / que amava Maria que amava Joaquim que amava Lili/ que não amava ninguém./ João foi para os Estados Unidos, Teresa, para o convento,/ Raimundo morreu de desastre, Maria ficou para tia, / Joaquim suicidou-se e Lili casou com J. Pinto Fernandes / que não tinha entrado na história.

[9] O que pode significar esta personagem? O amor, para o menino, seria uma quimera? E daí sua troca do presente por algo mais concreto, os suspiros? (Agradeço à professora Alba Regina Spinardi Bueno a sugestão desta interpretação).

[10] Luís Camargo, faz uma análise desse livro de Angela Lago e descreve em detalhes os elementos do barroco mineiro contido no cenário desta história. Ver *Ilustração do livro infantil*, 1995, p. 72.

[11] Esta analogia me foi sugerida por Alba Regina Spinardi Bueno, a quem agradeço.

A ILUSTRAÇÃO É MAIOR QUE O TEXTO

Quando o texto dos livros para crianças é formado apenas por algumas frases, a ilustração adquire um papel relevante na estruturação da narrativa. Deve portanto ser cuidadosamente analisada em suas sequências e cenas, na representação das personagens e suas expressões (pessoais, de ação etc.), nos detalhes do espaço e do tempo a fim de que as crianças acompanhem e dominem plenamente a história e as formas em que estão narradas. Apresentamos a análise de alguns livros com textos de tamanhos diversos, para auxiliar o professor antes de começar o trabalho de aprofundamento da leitura com as crianças, depois de uma primeira leitura espontânea.

Exemplo 1
Luciana em casa da vovó, de Fernanda Lopes de Almeida; ilustração de Agostinho Gisé. São Paulo, Ática, 1985, Coleção Olho Vivo.

Trata-se de um livro simples, ligado ao tema do dia a dia de uma menina, Luciana, de 6 a 7 anos, que vai passar o dia na casa da avó. A narrativa, frouxa, se enquadra mais no gênero "de caminhada", pois o que ocorre na história é a sequência dos momentos-chave desse passeio: a ida ao galinheiro, o almoço na varanda etc. Não há tensão, não há problema. Depois da situação inicial – Luciana chegando na casa da avó com a recepção calorosa desta –, o dia transcorre em atividades agradáveis. Apenas na última sequência arma-se uma leve tensão quando

Luciana, aproveitando a soneca da avó, sobe numa cadeira para pegar biscoitos num pote que está no armário, como já comentamos no terceiro capítulo.

O livro, com 24 páginas, tem nove sequências. Cada ilustração ocupa sempre duas páginas e o texto, em uma ou duas linhas, se encontra sempre em baixo da página direita, e podemos classificá-lo como "texto-legenda". Ele orienta a leitura da imagem, apresentando informações que o situam no tempo e no espaço com precisão, cumprindo sua função de designar pessoas e lugares, esclarecendo possíveis ambiguidades da ilustração. Já na capa, o título esclarece as personagens e o espaço: o nome da menina é Luciana e a senhora que aparece junto com ela é a avó, e não uma tia, uma vizinha, uma parente dos pais, por exemplo, dados que apenas a imagem não nos forneceria.

Como o texto é pequeno, a ilustração, por sua vez, cumpre a função sobretudo de criar os espaços em que se passa a história, acrescentando muitos detalhes, outros planos em simultaneidade, o gestual das personagens, a expressão de suas fisionomias, ou seja, tudo aquilo que o texto não diz. A ilustração de Gisé é de um realismo com muitos detalhes, sem entretanto complicar o conjunto. Estes detalhes são atenuados pelas cores pastel, pelas linhas finas e leves no contorno dos desenhos, e pela apresentação "eufórica"[1] de Luciana e a avó, ingênuas e felizes, como poderia ser o olhar de uma criança leitora.

A articulação entre o texto e a imagem é contínua. Enquanto a ilustração mostra a casa em detalhes e a expressão de alegria das personagens, o texto vai pontuando as ações, precisando os lugares onde elas se encontram com as explicações que as imagens não podem dar, sobretudo a marcação do tempo. Neste caso, o texto ordena com precisão a sequência da visita, dando unidade à estrutura da narrativa, por meio de conectores de tempo: "*Primeiro* elas vão passear no jardim" (p.4-5); "*Depois* elas vão ao galinheiro" (p.6-7), e assim por diante.

Na primeira cena (p. 2-3), será estabelecida a situação inicial, a chegada da menina. Luciana e a avó, diante de uma casa antiga, com amplas janelas azuis, estendem os braços num gesto claro de encontro prazeroso. O texto informa com precisão o porquê desse encontro:

"Luciana vai passar o dia com Vovó". Sem esta explicação, o encontro ficaria vago e abriria demais as expectativas do leitor. Com ela, inferimos que Luciana não mora na casa da avó, daí a razão da visita e a alegria no encontro das duas. Um elemento que a imagem apenas esboça: o gesto de braços estendidos precedendo um abraço, que o leitor deverá completar.

O desenvolvimento começa nas páginas 4-5. O ilustrador vai alargando os elementos presentes no espaço da história. Durante o passeio no jardim, mostra-se no primeiro plano (em plano americano) uma reiteração do texto escrito, quando a avó mostra a rosa nova para Luciana. Mas, além do aspecto do jardim, cheio de verde, aparecem ao fundo as janelas e uma porta da casa, completando a informação sobre a casa da página anterior.

Na sequência seguinte, elas vão ao galinheiro. O texto diz que a menina corre atrás das galinhas, gesto reiterado pela ilustração. O espaço é alargado, pois ao fundo, em perspectiva, aparece uma janela do segundo andar, onde uma mulher sacode um lençol, inferindo-se daí que se trata da janela de um quarto. Nas páginas 8-9, as duas, de mãos dadas, se encontram diante da casa e de uma porta entreaberta. O texto explicita a ação: "Depois elas vão para dentro". Sem esta informação escrita, só pela imagem não dá para saber o que elas estão fazendo ali e que esta será a sequência do passeio. O texto escrito completa a informação esboçada pela imagem.

Nas páginas 10-11, as duas já se encontram na sala de visitas. O leitor deve portanto imaginar o tempo entre a imagem anterior, quando elas estão diante da porta e esse em que já entraram na sala de visitas. Podemos inferir, pelos móveis, que se trata dessa sala; a confirmação vem no texto escrito. "Vovó deixa Luciana entrar na sala de visitas./ O que Luciana mais gosta é da bailarina de porcelana". Nesta cena, a ilustração é rica em detalhes (estilo dos móveis, quadros, cortinas etc., revelando o gosto da avó), e em abertura para outros ambientes mostrados através da janela, do espelho e da porta entreaberta, que revela ao fundo a escada que leva ao segundo andar da casa.

O texto escrito, por sua vez, levanta uma questão com o emprego do verbo "deixar". Inferimos que a sala de visitas é um lugar que a avó mantém fechada (detalhe da porta entreaberta), onde recebe as visitas "grandes", enfim, o lugar mais importante da casa e onde estão coisas delicadas que a menina pode quebrar. Em particular, a tal bailarina de porcelana no centro da mesa de que ela tanto gosta. Esta segunda frase é reiterativa, pois a imagem mostra a menina olhando a bailarina. São questões que devem ser compreendidas pela leitora criança.

Na cena seguinte (p.12-13), já é a hora do almoço, servido na varanda, como explica o texto: "Vovó e Luciana almoçam na varanda". Aqui dispensa-se um conector temporal, pois a hora está implícita no ato de almoçar. Durante a refeição, Luciana dá comida ao gato, mais ou menos reiterado na frase do livro ("O gato almoça tudo que Luciana joga para ele"), mas os detalhes estão todos nas imagens: louças, o que comem e bebem no almoço.

Os espaços da casa vão mudando a cada cena e as atividades das duas também. Nas páginas 14-15 e 16-17, o texto revela que as duas vão ver as lãs guardadas numa gaveta e a avó vai fazer crochê, quando o gato pula na gaveta. Isso ocorre "depois do almoço". Sem este conector temporal, não há precisão quanto à hora em que a cena se passa. Em seguida ("Depois") pp. 20-21 e 22-23, as duas se instalam no sofá da saleta (que deve ser uma sala íntima, diferente da sala de visitas) e a avó conta histórias para Luciana. É o único momento de fantasia na ilustração: da agulha de crochê caem em curvas, estrelinhas, bichos, fadas, representações visuais da imaginação de Luciana acompanhando as histórias, tornando concreto o que o texto escrito informa: "Parece que Luciana está vendo tudo que acontece nas / histórias de Vovó".

Aqui chegamos na sequência final do livro, quando a avó cochila e Luciana vai pegar doces no armário. A imagem das páginas 14-15 é reiterativa, pois representa exatamente o que diz o texto escrito, com alguns detalhes: "Depois vovó cochila". É a cena preparatória para a tensão leve criada até o fim do livro. Luciana sobe numa cadeira para pegar o doce num pote (p.26-27). Vê-se pela porta aberta o outro ambiente, a saleta onde a avó está recostada no sofá e parece dormir. Texto e imagem são, pois, reiterativos.

O leitor deve, porém, avaliar a ação de Luciana: ela está fazendo algo escondido da avó. Nas páginas seguintes, 28-29, o texto explicita a atitude da avó, que não é aquela que podemos inferir da página anterior: "Vovó está cochilando com um olho só e vê tudo com o olho que está aberto". Duas expectativas surgem: será que Luciana vai cair da cadeira e quebrar o pote de doce? E se a avó está vendo tudo com um olho só, qual será a reação dela? Luciana não cai da cadeira, mas ao ir à saleta esconde o doce atrás das costas. A vovó diz: "Peguei!". Qual o significado dessa exclamação? Vai ficar brava? Sabemos que tudo termina bem, pois na página seguinte (32) elas se abraçam e "riem muito". Entre uma imagem e outra, há alguns "brancos" que devem ser completados pela criança leitora, ou seja, o que se passou entre a entrada da menina e o abraço.

E a história termina aqui, sem um desenlace tradicional, fechando o dia de Luciana em casa da avó. O que fizeram depois? Quando a menina voltou para casa? Aspectos que poderão ser imaginados pelo leitor.

Exemplo 2
O peru de peruca. Sônia Junqueira com ilustração de Alcy. São Paulo, Ática, 1988.

A Coleção Estrelinha, lançada pela Ática nos anos 1980, continua presente nas escolas e é editada com sucesso até hoje. Trata-se de histórias cujo texto vem sendo criticado por especialistas, pois tem como escopo ajudar diretamente na alfabetização, limitando suas frases a "palavras constituídas de sílabas simples (vogal ou vogal + consoante) em frases curtas e repetitivas, que facilitam a leitura" (contracapa). Em que pese o excelente artigo de Regina Zilberman ("Literatura infantil para crianças que aprendem a ler")[2] criticando esse tipo de livro, como uma continuação das frases desarticuladas das cartilhas, a série Estrelinha I, feita de parceria entre Sônia Junqueira (texto) e Alcy (ilustração), é criativa. As frases de Sônia Junqueira encadeiam perfeitamente a narrativa e a repetição de sílabas, somada ao ritmo das frases, se transformam em uma brincadeira de aliterações e ritmo. Entretanto, o que dá vida ao texto são as ilustrações de Alcy, com seu humor leve que tanto agrada às crianças. A história de *O peru de peruca*, vejamos, é simples e segue a estrutura tradicional:

Situação inicial: o peru Ari encontra uma longa peruca loira escondida num tronco oco; coloca a peruca na cabeça e se esconde no toco para assustar os amigos.

Desenvolvimento: nesta parte, conta-se o encontro da coruja, da arara, e do urubu, amigos do peru, com o estranho bicho que os assusta. O urubu Xerife se faz de valente e vai enfrentar a "fera", mas acaba também correndo de medo.

Desenlace: Ari se revela tirando a peruca e ri dos companheiros, em especial do urubu que contou vantagem e fica sem graça.

O espaço é sempre uma área verde onde vivem os bichos. O texto não apresenta conectores e o tempo da narrativa se encadeia por meio de ações que se sucedem. As ilustrações são reiterativas do texto escrito na maioria das páginas: depois de cutucar o toco, ele acha lá dentro a peruca loira e a coloca na cabeça. Texto e imagem se repetem: "Ari bota a peruca". Entretanto, as frases ganham vida por meio da graça das ilustrações de Alcy.

Nas páginas 7-8, quatro cenas marcam o tempo para a cena final da página, a única que está ligada ao texto: "A coruja Vera vê a figura / de peruca no toco". São os três tempos que precedem o encontro: o tronco no chão, sem ninguém, a coruja voando e depois pousando no tronco. Aqui uma ação se arma pois vemos Ari escondido no tronco, se preparando para assustar a coruja. No quarto quadro ele sai do tronco apavorando a ave.

Há "brancos" sem texto nem ilustrações que devem ser completados pelos leitores. Entre as páginas 10 e 11, novamente corre um tempo entre o susto da coruja (com recursos gráficos de histórias em quadrinhos: pulo, asas e pernas abertas, pena voando, pingos de suor) e a procura da arara para contar sobre o bicho estranho. No texto da página 10 há apenas o fim de um diálogo: "Vera fala para a arara

Mara: – É uma fera perigosa". O leitor precisa completar o espaço percorrido pela coruja e o começo do diálogo onde ela narraria o encontro e a descrição da tal "fera".

Na página 12, depois que a arara foge (p. 11), ela e a coruja se encontram num galho quando aparece o urubu. A expressão assustada da arara mostrando com a asa (com um dedo indicador, comum no desenho de animais em histórias em quadrinhos) onde está a "fera" sugere tudo o que ela conta, mas o texto diz apenas: "O urubu Xerife aparece". Nas páginas 12 e 13, o urubu mostra coragem, despertando a admiração da arara (convenção gráfica: coraçõezinhos em torno da cabeça da ave). O texto informa: "Xerife é corajoso. Ele fala: / – Perigosa nada! Eu mato a fera".

No encontro de Xerife e Ari, o peru dá um grande susto no urubu, em três imagens (p.17 e 18) e a ilustração reitera o texto escrito, mas a movimentação do bicho e da peruca e o medo do urubu, tremendo todo, dá vida e movimento à cena, complementando o escrito. No desenlace, Ari se revela e todos riem do urubu, que "dá uma risada amarela". A ilustração mostra o urubu com esta risada que também é uma convenção das HQ; o urubu tem o bico em curva e dentes à mostra (quando se sabe que urubu não tem dentes). A última página não tem texto e o leitor deve completar a cena: o urubu é obrigado a posar com a peruca enquanto os outros riem dele.

Trata-se pois de um livro em que a ilustração é essencial para complementar, por inferência, as cenas e quebrar o esquematismo e a pouca informação do texto. Neste caso, seria importante que a história fosse primeiro contada às crianças por meio das ilustrações para depois se chegar à leitura do texto escrito.

Exemplo 3
Que bicho será que fez a coisa? Ângelo Machado, projeto gráfico e ilustrações de Roger Mello. Rio de Janeiro, Nova Fronteira, 1996. Coleção Que bicho será?

Trata-se também de um livro em que cada ilustração é acompanhada de uma frase-legenda ou frases curtas, organizadas em quadrinhas rimadas e colocadas em diferentes lugares da página. A história gira em torno de "uma coisa" – um monte marrom – que com toda evidência se trata de um enorme cocô. O tema mexe com o tabu que agrada muito as crianças: o uso de palavras consideradas "feias" pelos adultos. Aqui ela é usada e reiterada pela ilustração, responsável pelo humor da história. Podemos considerá-la uma história enigma, o qual organiza sua estrutura, pois ela gira em torno das frases iniciais:

O bicho passou e deixou a coisa.
A libélula viu a coisa e foi voando chamar os outros bichos.
O que será esta coisa?

Temos a situação inicial com um problema: o que é e quem fez? No desenvolvimento os bichos vêm juntos ou separados ver "a coisa" e dão seu palpite. Diz o coelho:

– Meu Deus! Que impressionante!
Tão fedorento e tão grandão.
Deve ser um cocô gigante.

Num segundo momento os animais se eximem de ser autor da "coisa":

– Não fui eu – disse o passarinho.
– O meu é pequenininho.
Querem ver como é que é?
Pum! Lá vai um.

O *desenlace,* nas três páginas finais, começa com um desfile de animais de circo que chegou à cidade, com o elefante à frente. A solução do enigma está no texto escrito:

Agora ficou mais fácil
pra qualquer menino vivo
descobrir lá no cortejo
o mistério do livro.

Quem fez o cocô gigante?
Foi o elefante.

Neste livro, a articulação entre texto e imagem é completa. Embora tanto se possa ler a história pelas palavras como pelas imagens, a associação dos dois completam a graça da leitura. E isto se deve tanto ao texto ágil e variado de Ângelo Machado – misturando frases e quadrinhas de fácil memorização, com seu ritmo e rimas simples, ora alternadas, ora emparelhadas – quanto ao traço de Roger Mello e seu projeto gráfico.

O estilo de Roger Mello tem o mérito da originalidade e da fuga dos clichês. Seus animais, estilizados, levemente antropomorfizados, na expressão e no uso de objetos humanos (os óculos do coelho sabido que sujou a "mão" na coisa, em vez da pata). Destaca-se ainda a quebra dos clichês de organização da página, quando o ilustrador raramente coloca os animais inteiros (o que estimula sua complementação mental pela criança e o devido reconhecimento) e sobretudo localizados nos quatro lados das páginas. Exemplo: quando o galo sai correndo por causa do cheiro da "coisa", que o vento trouxe, ele é mostrado no alto da página mas apenas com uma pata, pequenas partes do corpo e do rabo. A criança deverá reconhecê-lo apenas nesses traços mínimos.

Em *Que bicho será que fez a coisa?*, de Ângelo Machado com ilustrações de Roger Mello, as ilustrações não mostram os personagens por inteiro, mas apenas partes deles, levando a criança a reconhecê-los e completá-los usando a imaginação.

Trata-se pois de um livro muito rico, em que ilustração, projeto gráfico e texto escrito se completam, de tal modo que, apesar da vivacidade do texto, este ganha muito com a ilustração original. Assim, quando se trata de livros com textos menores que a ilustração, esta tem um papel fundamental na leitura da história e deve ser trabalhada com todos os seus detalhes básicos para a compreensão da narrativa e dos elementos secundários que a completam.

Notas

[1] Regina Zilberman classifica como "eufóricos" os livros que privilegiam os valores da vida familiar. Segundo a autora, há neles uma euforia com a vida da criança, encerrada dentro da família, onde ela é excessivamente protegida. Aqueles em que a criança resolve sozinha seus problemas são chamados de "emancipatórios" (*A literatura infantil na escola*. São Paulo, Global, 1981).

[2] Em *A leitura e o ensino da literatura*, p. 83-93.

TEXTOS DE EXTENSÃO MÉDIA E AS ILUSTRAÇÕES

Quando os livros apresentam textos de extensão média, a ilustração tende a se afastar de suas funções anteriores de complementaridade, colaborando com o escrito de formas variadas.

Exemplo 1
Cotovia. Lucia Villares; ilustração de Helena Alexandrino. São Paulo, Paulinas, 1987. Coleção Ponto de encontro. Direção Editorial de Edmir Perrotti.

Trata-se de uma narrativa em versos de sete sílabas e suas combinações, presas à tradição do conto de fadas e à linhagem das cantigas de amigo e das quadrinhas populares, indo desabrochar em certa atmosfera do simbolismo brasileiro, bem próxima da "Ismália" de Alphonsus de Guimaraens. Mas, ao contrário das cantigas de amigo portuguesas, que se ressentem de sua artificialidade, o texto de Lúcia Villares nos atinge profundamente pela autenticidade do intenso sentimento de tristeza e desamparo, de desastre existencial irremediável da moça que busca seu amado desaparecido.

A história é contada por uma cotovia que assistiu à morte dos namorados. Do ponto de vista de sua estrutura, a narrativa se aproxima dos contos de fadas, em que o herói sai em busca da solução para seu problema, pedindo informações a personagens que encontra em seu caminho. No caso, o Sapo, o Tempo e a própria Cotovia que depois narra a história. Cada resposta faz avançar a narrativa, trazendo uma nova informação, que completa a anterior.

No texto escrito, a história começa já no *desenvolvimento*, com a moça perguntando ao Sapo quem levou embora seu amado, e aquele informa:

*– Foi trancado a sete chaves
numa caixa muito preta
que jaz na beira do rio.*

Em seguida, a moça indaga do Tempo (numa sequência acumulativa):

*Quem trancou a sete chaves
o meu coração amado
nessa caixa muito preta
que jaz na beira do rio?*

Apressado, o Tempo (que nunca para) informa que

*Foi um rei tirano e bravo
que é senhor do céu,
do vento,
que guarda as nuvens num canto, nos dias de céu vazio.*

A terceira personagem procurada pela moça é a Cotovia, que indica a morada do rei e avisa que

*Se quiseres encontrá-lo,
espera na beira do rio.*

Nesta altura, entramos no *desenlace* da história da cotovia. A moça segue as indicações do passarinho e encontra o rei, que acaba por afogá-la no rio. Neste ponto, pela primeira vez, a Cotovia narra em primeira pessoa:

*Se a moça chorava ou cantava,
Isso ninguém me contou.
Sei que numa pedra bem preta*

> *O corpo dela ele amarrou*
> *E jogou-a ao rio tão logo*
> *Que num minuto afundou.*

A história escrita termina com o lamento da moça, já afogada, relatado pela cotovia, que usa aqui seu canto mais triste. O impacto emocional que nos causa a leitura desse texto simples, mas denso, provém talvez do fato de Lucia Villares nos imergir nos aspectos crepusculares da temática da água, tal como foi descrita por Gaston Bachelard. Para o filósofo francês, apoiado nas teorias psicanalíticas dos arquétipos de Jung, a humanidade incorporou a água no seu inconsciente coletivo como um símbolo materializado de um certo tipo de morte, conforme analisa em *A água e os sonhos*: [1]

> A imaginação da desgraça e da morte encontra na matéria da água uma imagem imaterial particularmente poderosa e natural. Assim, para certas almas, a água traz verdadeiramente a morte em sua substância. Ela comunica um devaneio onde o horror é lento e tranquilo. Para certas almas, a água é a matéria do desespero.

Somado à atmosfera crepuscular ou noturna e à frialdade, o devaneio das águas paradas, insondáveis, nos dá uma lição de morte. "De uma morte imóvel, de uma morte em profundidade que fica conosco, perto de nós, dentro de nós".

A sensação desta morte desoladora, irreparável dos dois jovens, ela afogada e ele sepultado na arca, nesse rio de águas paradas e frias e cuja história nos é contada pela Cotovia, nos transmite a perturbadora sensação de perda sem remédio, no texto de Lucia Villares. Nas palavras do texto, encontramos os elementos básicos dessa temática da água ligada à morte passiva, como o clima crepuscular e noturno, a frialdade da água e da relva, intensificada pelo vento frio, a "caixa muito preta", que colabora com o escuro da noite e da morte. Além da figura desse rei malvado e misterioso (que só aparece uma vez na narrativa – Deus? O destino?), senhor dos céus que dá à morte dos jovens um sentido de absurdo existencial. Em perfeita consonância com essa atmosfera, os versos fluem lentos, transparentes, silenciosos como as águas desse rio onírico, impregnado do amor e da morte dos jovens, num equilíbrio perfeito entre a narrativa e a expressão literária que, com seu lirismo, nada fica a dever às exigências de literariedade da academia.

Por outro lado, o assunto da história se insere num tema que percorre a literatura europeia – o da jovem afogada flutuando em águas frias, numa atmosfera crepuscular ou noturna – desde pelo menos Shakespeare, com o tema de Ofélia, em *Hamlet*, na designação de Bachelard. Tema que é apropriado pelo romantismo literário e pictural chegando até ao adolescente Rimbaud, ainda entre o romantismo e o surrealismo, com seus melancólicos poemas sobre a Ofélia hamletiana: a "pálida Ofélia, bela como a neve" que "flutua como um grande lírio/ flutua lentamente, entre seus longos véus".[2]

No Brasil, o tema da jovem morta flutuando nas águas desabrocha nas imagens frequentes da poesia de Alvares de Azevedo, chegando também até o nosso simbolismo em Alphonsus de Guimaraens, por exemplo.

É claro que essas inferências culturais só chegam a um leitor culto, adulto, inferências que não teriam propósito imaginar que atinjam as crianças, as quais, no entanto, muitas delas, espontaneamente, não ficarão indiferentes ao lirismo e à melancolia da história. *Cotovia*, de Lucia Villares é uma prova de que os bons livros para crianças são, com frequência, bons livros também para os adultos.

Embora o texto de Lucia Villares seja completo, dispensando ilustrações, a sua presença no livro, com o estilo de Helena Alexandrino intensifica a atmosfera do relato da Cotovia, captando, de forma indivisível com o texto, o desespero passivo diante desse desastre existencial irreparável. Além do mais, cumprindo a função de complementação do texto escrito, a ilustração de Helena Alexandrino introduz elementos novos que não fazem parte do texto escrito ou que tornam mais claros elementos de inferência que apenas a leitura pela criança não poderia completar. O primeiro, quando a "moça" do texto escrito é apresentada como uma princesa (indícios: as roupas e a coroa), detalhes que podem motivar as crianças e que normalmente estão acostumadas com as histórias do "era uma vez..." com princesas e reis de um tempo imaginário.

O segundo elemento introduzido pela ilustradora torna mais definidos alguns aspectos do ponto de vista narrativo, os quais não estão evidentes no texto escrito, pelo menos no seu começo. Helena Alexandrino situa a narrativa num espaço mais concreto e deixa claro que a história é narrada pela Cotovia a uma jovem que passa pelo lugar em que se deu a tragédia do afogamento: uma planície cortada por um riacho e por onde a moça-ouvinte está passeando. A capa apresenta as duas personagens da história: a Cotovia narradora num galho de onde conta a história e a moça afogada pelo rei, acabrunhada, contemplando o rio.

A página de rosto esclarece o papel de narradora da Cotovia, com seu bico aberto "contando" a história. A primeira página do livro introduz a jovem que vai ouvir a história, andando rumo ao rio, dando assim uma imagem concreta da situação: uma ouvinte que vai escutar a narrativa feita por um passarinho que presenciou a tragédia. Mas tanto no texto escrito como na ilustração só sabemos do encontro da jovem ouvinte com a Cotovia na penúltima página dupla do conto, ficando assim a ilustradora fiel ao texto. Pondo um ponto final à história, esta página dupla, sem texto verbal, mostra a moça continuando seu passeio, depois do encontro com a Cotovia.

São portanto duas narrativas dentro de um mesmo espaço: a da jovem que ouve a história da Cotovia e a história propriamente dita do livro. Separando as duas, está também o tratamento dado ao *tempo* pela ilustradora: o tempo da narrativa da cotovia é marcado pela transformação de uma estranha lagarta com cara de homem que está na primeira página dupla, à esquerda, transformada em borboleta, no final, quando a jovem ouvinte continua seu passeio. Esse tempo da narrativa é também mostrado pelos caracóis que se encontram conversando na primeira página. Na última, tocados pela tristeza do relato da cotovia, eles se fecham em suas conchas. Quanto ao tempo da história, ela se situa nessa época intemporal das histórias maravilhosas: acontecem no longínquo "era uma vez..."

Há também um aspecto plástico que separa esse tempo do fora da história do tempo da história propriamente dita: a predominância de linhas retas ou de linhas curvas, conforme a atmosfera da narrativa em cada um dos momentos. A cena da moça-ouvinte é marcada pela tranquilidade das linhas horizontais que cortam as páginas duplas de lado a lado, completada pelos amplos espaços vazios, uma das características do estilo de Helena Alexandrino. Esses espaços, de grandes superfícies vazias, com o fundo de cores transparentes e repousantes, caracterizam uma atmosfera de calma, no caso, da moça que está apenas ouvindo a história na qual se envolve, mas da qual se desprende quando vai embora. A figura da moça-ouvinte tem aquela inclinação das personagens de Helena Alexandrino, apresentando-se quase estáticas, movendo-se em ligeira levitação, isoladas e voltadas para dentro, envolvidas por uma aura que parece melhor protegê-las na paz e silêncio em que estão imersas.[3]

Ilustração de Helena Alexandrino para *Cotovia*, de Lucia Villares: os espaços vazios, os jogos de linhas retas e curvas, com longos horizontes, sugerem a sensação de longos silêncios.

Outro aspecto interessante do estilo de Helena Alexandrino é a impressão de silêncio que suas paisagens tranquilas nos transmitem. O som, matéria vibrante, e o silêncio, sua ausência, são elementos comumente expressos pela música, pelo ruído. Pode uma forma plástica nos transmitir o silêncio? Pois essa é uma das características dos pintores surrealistas, presente nas ilustrações de Helena Alexandrino, que o realiza, entre outras técnicas, por meio desses espaços vazios, do jogo de linhas retas e amplos horizontes, completados pelas cores transparentes da aquarela.

Na segunda ilustração, quando começa a narração da Cotovia, a serenidade das linhas retas é substituída pelo flutuar melancólico e lento das linhas curvas dos morros e do percurso coleante do riacho. A moça da história é representada como uma princesa com sua coroa e suas roupas (o texto escrito não se refere a princesas), que expressa sua dor por meio da postura diferente dos seres em feliz levitação. Ela não tem as características de um ser aéreo; é representada sentada pesadamente, abismada em tristeza silenciosa e esmagada pela sua dor. Essa impressão de peso e acabrunhamento é completado pelo volume do vestido e do manto que escondem o corpo da moça.

Junto ao rio, a linha horizontal, que nos transmitia a impressão de um mundo em equilíbrio, é substituída por uma inclinação íngreme, que termina na margem do riacho (onde a jovem vencida contempla a água, ao lado da arca onde foi encerrado o namorado) e no qual ela será afogada mais tarde. A natureza acompanha o desespero da princesa: as hastes das plantas e das flores pendem para baixo, quebradas; o Sapo, com quem ela conversou antes de morrer, tem expressão de imensa tristeza, (e maior ainda depois da morte da moça – ver os indícios: cabeça baixa, olhos semicerrados, linha da boca para baixo, e o todo reduplicado pelo seu reflexo na água). No conjunto, todas as linhas da ilustração inclinam-se pesadas no sentido descendente.

Outro elemento que ao mesmo tempo pode confundir as crianças, mas esclarece um dos indícios comuns ao se ouvir a história, é a identificação do ouvinte/leitor com a personagem. Na ilustração, Helena Alexandrino empresta à princesa alguns traços da moça-ouvinte, como seu cabelo, a cor do vestido, como se a jovem se colocasse no lugar da personagem durante a narrativa que ouve. São elementos que devem ser discutidos com as crianças e que, além de esclarecer o livro, aumenta a percepção na leitura de imagens.

Outro elemento que ainda amplifica a atmosfera do texto escrito é a ilustração do tom crepuscular e noturno em que se passa a história. A moça conversa com o Sapo "logo que a noite caiu". Na delicadeza das cores transparentes da ilustração, está o fundo de um céu azul, ainda não de todo escuro, com duas estrelas marcando a hora em que começa a história. Em outras páginas, o sol vermelho do crepúsculo, redondo na linha do horizonte ou sumindo avermelhado entre montes, criam a atmosfera crepuscular.

Assim, podemos afirmar que Helena Alexandrino captou tão bem a atmosfera do texto de Lucia Villares, em *Cotovia*, e ambos estão de tal modo integrados, que não poderíamos separar os versos da autora da visão plástica da ilustradora. Pela alta elaboração artística do texto verbal e não verbal, *Cotovia* é um dos mais belos livros de nossa literatura infantil, tanto pela qualidade literária do texto como pela beleza da ilustração, numa articulação perfeita entre ambos.

Exemplo 2
Aviãozinho de papel. Ricardo Azevedo. Projeto gráfico e ilustração do Autor. São Paulo, Cia das Letrinhas, 1994.

Ricardo Azevedo é um dos nossos escritores e ilustradores mais criativos e originais, sempre pesquisando novas formas de expressão, tanto no texto escrito como no texto visual. A ideia para esta história simples e lírica partiu, segundo o autor relata na orelha do livro, da semelhança entre uma garrafa com uma mensagem jogada no mar e um livro: "Um livro parece uma garrafa com uma mensagem dentro, boiando no mar (...). Uma garrafa atirada n'água é feito um livro e um livro é parecido com um aviãozinho de papel lançado do alto de uma janela. Também um aviãozinho, se tiver sorte, pode chegar longe carregando em suas dobras uma ideia, uma lembrança, um sentimento".

A história é, portanto, a de um aviãozinho – personagem principal – lançado de uma janela por um homem e o percurso deste aviãozinho até o final do livro. A estrutura narrativa segue frouxamente a tradicional: na situação inicial, o aviãozinho é lançado pela janela; o desenvolvimento narra a viagem do avião por variados lugares, incluindo um forte vento que o derruba. A ação é retomada por intermédio de um menino que recolhe o avião, o reconstrói e o lança de novo. O desenlace é a chegada do avião ao seu destino: ele traz uma mensagem para "alguém" que sorri ao ler as suas "poucas palavras", mas de grande significado para esse alguém, que o texto escrito não revela quem é e que se mostra na ilustração da última página.

O texto de Ricardo Azevedo é lírico, impregnado delicadamente pela preocupação existencial que encontramos em seus livros e pelas imagens poéticas. Por exemplo: "O aviãozinho vai que vai apoiado nas dobras do papel, num pouco de esperança e nos braços transparentes do vento" (p.3). A ilustração para este gênero de livro em prosa e com temas poéticos deve exprimir sua atmosfera, completando o texto com a indicação do espaço percorrido e o que o aviãozinho vai vendo e vivendo. Os desenhos não caem numa descrição meramente realista ou repetitiva do texto, pois Ricardo Azevedo usa uma das características básicas de suas imagens: o surrealismo, mais particularmente influenciado pelo pintor surrealista belga Magritte (1898-1967).

Pelo projeto gráfico do autor, o texto é colocado à direita e as ilustrações nas páginas da esquerda, limitadas por uma linha fina. Dentro desse espaço o autor reúne as evocações das palavras, muitas vezes enumerações que lembram o processo poético do poeta francês, de caráter popular, Jacques Prévert (1900-1977), em seu livro *Palavras* (1946), criando assim o clima surrealista da ilustração – que contamina por sua vez o texto escrito.

É que pelo caminho ele cruza, por exemplo, um coração tatuado no tronco áspero de uma árvore.
E também com um sapato de couro atirado por alguém no auge de uma briga.
E com um peixe-voador saltando de oceano em oceano.
E vê uma flor, um piano de cauda, um relógio parado, uma joaninha, dois caminhos, um segredo escondido atrás de uma pedra, um livro desses de capa dura, uma maçã, um lápis, uma traça, um ovo, um envelope com uma carta e uma bala de revólver esquecida, talvez, por algum soldado (p.7).

Influências do surrealismo de Magritte nas ilustrações de Ricardo Azevedo para *Aviãozinho de papel*, de sua autoria. A enunciação aparentemente caótica do texto acentuam a sua atmosfera lírica, também reproduzidas nas imagens.

A representação gráfica dessa página coloca todas essas coisas heteróclitas (inclusive algo que não é concreto – o segredo escondido atrás de uma pedra...): numa colina verde onde o sapato voa no céu; o peixe que salta sobre o verde (em vez de estar na água), um piano de cauda se encontra estranhamente nesse espaço, além de certos ícones comuns ao estilo do ilustrador e que estão presentes em seus livros em geral: a borboletinha, a árvore, a maçã com uma mordida.

Assim, essas coisas disparatadas, todas juntas num mesmo espaço, acentuam a atmosfera lírica, imaginária do texto escrito. Apenas duas páginas correspondem realisticamente ao texto: a 14, quando o menino pega o aviãozinho derrubado pelo vento e a última (23). Esta entretanto, tem uma função básica de complementar o texto escrito, revelando quem é esse "Alguém" que encontra o avião caído numa flor, inferindo-se que se trata de uma mensagem de amor:

Alguém veio pegar o aviãozinho.
Alguém olhou o aviãozinho por dentro e por fora.
Alguém então, sorriu.
Alguma coisa estava escrita na folha arrancada de caderno.
Eram poucas palavras, mas fizeram o aviãozinho compreender que havia chegado, sim, ao seu destino.

Ricardo Azevedo entranhou de tal forma seu texto com a ilustração surrealista, que ambos formam um conjunto indivisível, cada um alimentando o potencial poético do outro.

Como se pode observar, nos textos de extensão média, a ilustração dialoga com o escrito de formas variadas, como adiantamos no início deste capítulo. Ora acrescenta detalhes, mas sobretudo colabora com a atmosfera da narrativa, sem necessariamente complementar o que o texto escrito não especificou.

Notas

[1] Gaston Bachelard (1884-1962) dedicou parte de sua obra ao rastreamento dos elementos básicos, segundo Jung, do inconsciente coletivo – a água, o fogo, o ar e a terra – em escritores, sobretudo poetas que apresentam imagens, metáforas, por intermédio desses elementos. Usei a proposta de Bachelard na análise das imagens da terra e da água na poesia de Álvares de Azevedo em *Astarte e a Espiral*, São Paulo, Conselho Estadual de Cultura, 1972.

Os livros de análise poética de Bachelard estão traduzidos para o português. São da autora a tradução dos trechos citados de *L'Eau et les Rêves*, Paris, José Corti, 1964 (1ª ed. 1942).

[2] "Sur l'onde calme et noire où dorment les étoiles, / La blanche Ophélia flotte comme un grand lys, / Flotte très lentement, couchée en ses longs voiles." "Sobre as águas calmas e negras onde as estrelas dormem / A pálida Ofélia flutua como um grande lírio, / Flutua lentamente, entre seus longos véus" (Tradução literal da autora).

[3] Observar a ilustração de Helena Alexandrino para o livro *Ave em conserto*, de Mirna Pinsky (São Paulo, Paulinas, 1984).

O TEXTO ESCRITO É MAIOR QUE A ILUSTRAÇÃO

Quando o texto escrito é maior que a ilustração, esta em geral fixa momentos-chave da narrativa. Em alguns livros, o ilustrador pode também usar vinhetas, cercaduras e fundos de página ilustrados ou em cores, tendo estes desenhos uma função decorativa, embelezando o livro e tornando as páginas – e portanto a leitura – mais atraente.

Exemplo 1
O bordado encantado, de Edmir Perrotti, projeto gráfico e ilustrações de Helena Alexandrino. São Paulo, Paulinas, 1996. Coleção Lua Nova. Série Fadas & Lendas.

Edmir Perrotti, um dos mais ativos especialistas em literatura infantil, nos deu este belo "reconto", como ele chama seu texto. "Tomei emprestado um argumento que, parece, vem lá do Tibet, e contei-o a meu modo. Ou melhor, recontei-o...", segundo informa no paratexto. Trata-se de um conto maravilhoso, com a estrutura tradicional dessas histórias. Perrotti ajuda a compreensão, dividindo-a em capítulos, precedidos de um Prólogo e um Epílogo. Passemos à análise de sua estrutura:

Situação inicial

É a história de uma "pobre viúva" que ganha a vida fazendo bordados, vendidos no mercado. Um dia, ela vê um tecido deslumbrante, que se transforma no seu grande sonho: fazer um bordado tão "lindo quanto esse". O tecido acaba sendo bordado com as lágrimas e o sangue que vertem de seus olhos cansados: "sem dar por vencida, ela continuou, usando agora as lágrimas para cobrir de vermelho as flores dos prados e os raios do sol no horizonte". O bordado entusiasmou o povo da aldeia, mas um vento forte acabou levando o tecido "feito pipa para além das montanhas".

A situação inicial abrange o prólogo, que se inicia com o recorrente "era uma vez...." e nos informa sobre a situação habitual da mulher, na aldeia: pobre, viúva, bordadeira e com três filhos. Os verbos estão no pretérito imperfeito, indicando uma situação habitual. Ainda no prólogo, estão anunciados os fatos que vão mudar esta situação de equilíbrio e serão contados no primeiro capítulo, "O encontro". Abre-se assim com uma locução adverbial – "certa vez" – , que interrompe o fluir do equilíbrio e se iniciam as cenas que preparam o problema. Os verbos passam desta forma a ser pontuais no passado, isto é, usando-se o pretérito perfeito do indicativo.

Essa parte do reconto apresenta três sequências: (1) a mulher vai ao mercado e vê o tecido maravilhoso; (2) decide também fazer um bordado maravilhoso e se põe a trabalhar nele; (3) na praça, quando mostra o bordado aos vizinhos, o vento leva o bordado para longe, deixando a mulher triste e doente. Esse capítulo ainda prepara o desenvolvimento: a mulher aceita que os filhos mais velhos saiam pelo mundo à procura do bordado.

Desenvolvimento:

O desenvolvimento se concentra em dois capítulos: "A busca" e "A montanha encantada". Aqui entramos na estrutura tradicional dos contos maravilhosos: dos três filhos da mulher, os dois mais velhos são preguiçosos e ambiciosos, pois querem ter riqueza sem trabalhar. Entretanto, como passa o tempo e não voltam, o filho mais novo, o "bonzinho", parte também à procura do bordado. Nessa busca ele tem que passar por diferentes provações na montanha encantada, onde finalmente recupera o bordado da mãe, mas volta infeliz porque se apaixona por uma das fadas que habitam a montanha, também bordadeiras.

Desenlace:

Abrange o capítulo "O Retorno" e se fecha com o epílogo. O filho mais novo volta, a mãe fica saudável de novo. Enquanto a aldeia festeja o retorno, novamente um vento inesperado levanta o bordado, dotado de poderes maravilhosos e este transforma a paisagem pobre do povoado: "Então, balançando como ondas de um calmo e imenso mar, começou a pousar suavemente e, à medida que cada pedaço da paisagem bordada tocava o chão, ganhava vida, transformando o pobre vilarejo num lindo, feliz e rico povoado". O problema amoroso do filho também é resolvido. A fadinha, que também se apaixonara pelo rapaz, borda a figura dela no tecido e reaparece na aldeia, explicando: "Quando tudo ganhou vida, a imagem que bordei também se tornou real. Assim estou aqui sem ter saído de lá. Não ameaço o reino das fadas e nem estou impedida de viver com quem amo".

No epílogo, o reconto vai um pouco além do desenlace feliz e, sob a forma tradicional do "conta-se que", narra o mau fim dos irmãos mais velhos e encerra a história com a fórmula de praxe: "O mais novo e a mulher, por sua vez, tiveram muitos filhos e foram felizes naquela aldeia, iluminada todo final de tarde pelo brilho de um sol avermelhado".

A linguagem de *O bordado encantado* tem características literárias específicas, que fazem deste texto um dos mais elaborados de nossa literatura infantil. No paratexto em que se apresenta, Perrotti coloca as dificuldades de "achar o tom" de uma escrita que, mantendo o nível culto da linguagem escrita, fosse também fiel ao ritmo de um relato oral – uma história em que a leitura levasse o leitor a ouvi-la. Conta ele que "foram três anos tentando achar o tom. Sabia desde o começo que isso envolvia não apenas questões importantes de conteúdo, mas também do modo de contar".

A solução foi encontrada por Perrotti no ritmo de suas frases e segmentos de frase. O autor nos dá um belo poema em prosa, através do equilíbrio de seu fraseado, no livro todo, onde as palavras se organizam em segmentos de estrofes poéticas, rigorosamente dentro da métrica portuguesa. Podemos dizer que os períodos – curtos ou longos – se apresentam em versos de sete e oito sílabas das quadrinhas populares, ou em conjuntos ímpares, de nove e onze sílabas, métrica adotada no romantismo brasileiro para poemas que eram cantados nos serões urbanos da classe média, como certos poemas de Castro Alves, por exemplo. Vejamos alguns textos. A primeira frase do prólogo é uma pequena estrofe em versos pares:

Era uma vez	(4 sílabas)
uma viúva muito pobre	(8 sílabas)
que vivia num montanhoso	(8 sílabas)
e longínquo país	(6 sílabas)

Os dois "versos" iniciais se equilibram, pois o primeiro é exatamente a metade do segundo; os dois últimos fecham a cadência rítmica com dois versos pares, um de oito e um de seis sílabas. Um conjunto de sílabas ímpares estão presentes nesta "estrofe":

As vagas do mar,	(5 sílabas)
o frio das geleiras,	(5 sílabas)
o calor das labaredas	(7 sílabas)
não ameaçavam o moço	(7 sílabas)
no retorno.	(3 sílabas)

Neste conjunto de frases bem ritmadas, os dois primeiros segmentos mais curtos com cinco sílabas se alongam harmoniosamente com os dois "versos" seguintes de sete sílabas, para terminar numa cadência breve, de três sílabas (já presentes no segundo segmento da frase anterior, /...*vam o moço*), como o acorde final de uma partitura musical. Outras cadências, agora de alongamento, fecham ritmicamente parágrafos como este, por exemplo:

O rapazinho falou	(7 sílabas)
com tanta firmeza	(5 sílabas)
que convenceu a mãe.	(6 sílabas)
Apesar das preocupações	(9 sílabas)
era melhor deixá-lo partir.	(9 sílabas)

Não é intenção deste volume fazer análise de elementos da escrita literária no livro infantil, mas, no caso deste livro, é preciso salientar o balanço perfeito das frases criadas por Perrotti, que nos apresenta uma leitura "ouvida", como se estivéssemos na presença de um contador oral de histórias. Podemos dizer que ele "acertou a mão" no seu "conto à distância", dúvida que o autor coloca no paratexto.

Esta prosa ritmada, toda ela vazada em nível culto, embora com vocabulário simples, faz de sua história o momento ideal para o professor ler o livro para as crianças, independentemente das ilustrações, uma característica que aparece nos bons escritores de texto literário na literatura infantil.

Embora a narrativa, pelas suas qualidades literárias, se sustente por si mesma, sem as ilustrações, o projeto gráfico e os desenhos de Helena Alexandrino só acrescentam elementos que ampliam a beleza da prosa de Perrotti. A ilustradora, no seu projeto gráfico, coloca o texto escrito e as ilustrações de forma variada, mas mantendo também um ritmo visual na distribuição dos desenhos, das vinhetas e do fundo da página.

A ilustração minuciosa e delicada de Helena Alexandrino para o livro *O bordado encantado*, de Edmir Perrotti, que dialoga com o texto, bom exemplo de prosa poética.

Os desenhos reproduzem momentos-chave da história, ora ocupando toda uma página da direita (a viúva fazendo seu bordado maravilhoso), ora ocupando as duas páginas com a ilustração em diagonal (ver páginas 4 e 5, a partir do Prólogo) da esquerda para a direita, de baixo para cima: à esquerda a aldeia com os habitantes assustados, numa miniatura que é característica dos desenhos de

Helena Alexandrino, e à direita o bordado levado pelo vento através das montanhas e seguido por muitos pássaros.

Em outros momentos, a ilustração ocupa um retângulo sem linha de enquadramento, quando o filho mais moço chega à montanha encantada (à esquerda da página embaixo) e vê as fadas meninas bordando (à direita acima), com toda a delicadeza de cores, de traços e de detalhes comuns ao estilo da ilustradora. São momentos-chave da narrativa que, muitas vezes, estão contidos em superfícies circulares (o rapaz chegando em casa da velha mágica, na página à direita, e observando o cavalo comendo os morangos mágicos, na página à esquerda. Ou espaços ovais – a viúva bordando em sua casa, na página da esquerda com o texto do prólogo na página da direita, destacado numa grande superfície oval sobre o fundo desenhado da página).

Este fundo de página é o elemento básico de ligação entre as ilustrações, onde Helena Alexandrino expressa sua imaginação independente do texto escrito, embelezando a história com seus desenhos. Esses fundos de páginas, já presente na capa, reproduzem o bordado maravilhoso, segundo a imaginação da ilustradora. O texto escrito toca vagamente no risco do bordado: uma paisagem com lago, com um prado florido e "raios de sol no horizonte". Pois o bordado, na concepção de Helena Alexandrino não tem lago, mas reúne alguns ícones e vinhetas caras à ilustradora: pássaros voando, a raposa, estrelas e luas, figuras geométricas, linhas curvas de montes, flores variadas, borboletas (que aparecem com frequência em ilustrações de outros livros), soltos num fundo delicado de aquarela azul e amarela. Este fundo homogêneo ocupa várias vezes a página sob o texto, ora parte da página, como no Prólogo e no Epílogo, onde o texto está dentro de uma forma oval, ora na página inteira, como na última página e ainda nas "orelhas" do livro.

Perrotti, em sua apresentação, nos diz que "era questão de honra traduzir o encantamento que o 'Bordado' me produziu, desde o momento em que o encontrei". Pois este encantamento é ampliado pelo estilo lírico e delicado dos desenhos de Helena Alexandrino. Não só porque ela nos dá uma visão plástica deste encantamento. Mas também, como ocorre nas funções da ilustração, por sugerir detalhes que não constam do texto escrito. Por exemplo, no capítulo "A busca", a viagem longa e difícil do filho mais novo é transmitida pela ilustração que corta as páginas da direita e da esquerda em diagonal central. À esquerda, entre montanhas de curva suave, as casinhas da aldeia (com o sol vermelho marcando o que o texto indica: o rapaz partiu ao amanhecer). Este caminhar penoso do jovem é revelado pela transformação das colinas suaves e arredondadas em que se encontra a aldeia em montanhas pontudas, cada vez maiores, quase engolindo o rapaz, pequeno, entre as curvas da estrada.

Duas ilustrações são detalhadas e vão bem além do texto: uma é a das fadas bordadeiras, ao lado da construção do palácio oriental em que vivem, as plantas e pássaros que preenchem os espaços e os detalhes das roupas, véus, posturas, além daquela que toca um alaúde. A ilustração mais marcante, porém, é a que termina a história: um amplo espaço que começa na página esquerda embaixo e ocupa toda a página à direita, representando a aldeia transformada pelo bordado que a tocou num "lugar tão belo quanto os belos que vira na montanha encantada".

O casal percorre os campos floridos em torno da aldeia, agora com belas casas ao fundo. Naquela página, impossível de ser reproduzida aqui sem sacrificar a beleza de seus detalhes, estão presentes os dois elementos característicos do estilo de Helena Alexandrino: os grandes espaços vazios, já comentados em *Cotovia*, e que dão a sensação de imobilidade e paz, além da presença de inúmeros detalhes de seus desenhos que a caracterizam como uma miniaturista, delicada e cheia de imaginação.

Assim, o texto escrito de Perrotti em *O bordado encantado* e a imagem lírica de Helena Alexandrino dialogam, quase independentes, preservando as características de cada um dos artistas. A ilustração intensifica, plasticamente, o encantamento criado por este belo "reconto".

Exemplo 2

A menina dos cabelos, de Maria Amélia Ortigão, ilustrações de Ricardo Leite. Rio de Janeiro, Salamandra, 1993 (Novos contos de fadas).

Analisamos este livro pelo contraste que apresenta em relação à obra de Perrotti/Alexandrino, exemplificando tanto a riqueza do texto como da ilustração na literatura infantil brasileira. Trata-se também de um conto de fadas tradicional quanto à estrutura, mas é uma história de caráter pedagógico e moralizante.

Na situação inicial a menina do título, Felícia, desobedece sua mãe porque não quer pentear os cabelos. Ameaçada de castigo, foge de casa e dorme sob uma árvore esquisita. Até aqui as sequências se incluem na situação inicial, que logo coloca o problema: a tal árvore deixa cair sementes no cabelo de Felícia e as plantas começam a crescer aí; em seguida, bichos nada agradáveis, como cobras, sapos e lagartos, baratas, taturanas, ratos e aranhas, passam a morar nesses cabelos-floresta.

No desenvolvimento, a menina encontra um anão que lhe ensina como se livrar do castigo, passando por algumas provas: dois sapos, a serviço do anão mágico, a mergulham num lago por três dias, onde deve ficar sem abrir os olhos. Felícia respira por um bambu, enquanto os bichos fogem do afogamento e cardumes de peixes comem seus cabelos-plantas.

No desenlace, liberada do encantamento, ela volta para casa depois de ganhar um pente de espinhas do peixe-rei. Devidamente castigada, Felícia nunca mais deixou de se pentear e, "ao chegar em casa, abraçou sua mãe emocionada. E as duas reunidas novamente viveram felizes por muitos e muitos anos".

O texto de Maria Amélia Ortigão segue entre o português padrão, mesclado de alguns coloquialismos. A autora não faz concessões que amenizem a história. O castigo é descrito com realismo:

Na semana seguinte, quem teve a mesma ideia foi um rato, e assim foi indo, até que Felícia estava com o cabelo cheio de bichos estranhos. E ela nada podia fazer contra aquele entra e sai de cobras, lagartos, aranhas, ratos, escorpiões e percevejos. E o cabelo cada vez crescia mais. Felícia mal podia andar com tanto peso na cabeça. Até que chegou um dia em que o cabelo tomou conta da menina. Havia crescido em todas as direções, por todos os lados. Não se via mais nada dela: nem braços, nem pernas, nem pés. Ela não conseguia sequer andar e assim ficou: imóvel no meio daquele cabelo cheio de bichos. Começou a gritar por socorro e pensava se alguém conseguiria ouvi-la.

Sendo uma personagem desobediente castigada, ela só se livra da punição pela interferência de um anão mágico e seus dois sapos auxiliares – e portanto ela só age passivamente. Esta incapacidade de dirigir seu próprio destino (ao contrário do irmão mais novo de *O bordado encantado*) é dito cruamente pelo texto: "Fechou os olhos e ficou ali, [dentro da água] entregue a um destino que ela própria escolhera, mas do qual não tinha o menor controle".

Não é portanto uma história nada agradável e o aspecto terrificante do tema é grandemente amplificado pelos desenhos de Ricardo Leite, que chamaríamos de realismo fantástico. O ilustrador vem pesquisando "sobre estilo e técnicas do século passado", informa o paratexto de apresentação dos autores. Esta técnica se caracteriza por um desenho a bico de pena, minucioso, entre o realismo e o fantástico, ao qual se sobrepõe o colorido, conforme as ilustrações infantis europeias do século XIX, como o visual do anão e seus sapos, as árvores, os passarinhos vestidos.

Na sua articulação com o texto escrito, as ilustrações pontuam os momentos-chave da narrativa. A capa, bastante colorida, apresenta a menina com os cabelos cheios de plantas e animais, enquadrada por cercaduras como nas ilustrações do século XIX, além do título começar por uma capitular[1] bastante trabalhada. A história abre-se em página inteira à esquerda, com a menina descabelada, de cara feia, em seu quarto (onde até as nervuras da madeira da mesinha são reproduzidas; a menina deitando-se para dormir sob a árvore encantada, as plantas crescendo nos cabelos enquanto ela dorme,

O realismo fantástico das ilustrações de Ricardo Leite, que guarda certo parentesco com as ilustrações do século XIX, acompanha a atmosfera de estranhamento do texto de *A menina dos cabelos*, de Maria Amélia Ortigão.

para abrir-se por fim em outra página inteira no problema central do conto: nos cabelos minuciosamente desenhados, estão com todo realismo as plantas, a cobra, o lagarto, o besouro etc., num resultado bastante repelente até para um adulto – desenho que figura na capa. Ainda estranhas e incômodas as duas páginas (a 15 inteira e a 17 num círculo), da menina passivamente mergulhada nas águas do lago, de olhos fechados, neste caso criando uma atmosfera surrealista.

Ricardo Leite nos traz de volta o estilo do século XIX, com anões de cara detalhadamente feia, sapos assustadores, árvores estranhas lembrando florestas mágicas, além de bichos vestidos como o pássaro de chapéu e o esquilo de casaco. Ainda característica deste estilo de "realismo fantástico" e assustador, destacam-se os olhos das personagens, olhos maldosos, zangados, estranhos ou vazios. O projeto gráfico da Pós-Imagem Design também nos restitui o visual dos livros do século XIX, com suas capitulares cheias de arabescos e floreios, as vinhetas no alto do texto escrito e sob os números das páginas e ainda a escolha de caracteres tipográficos e da distribuição dos desenhos menores, complementares da história, em diferentes lugares das páginas, enquanto os momentos-chave da narrativa vêm em página inteira.

A ilustração de Ricardo Leite, pela sua originalidade sem concessão ao "bonitinho" como ocorre em muitos livros infantis, marcam a dureza desta história para trazer até nós o estranhamento de estilos que foram comuns em épocas passadas, e dá ao texto de Maria Amélia Ortigão um relevo notável. E sobretudo, na sua articulação com o texto escrito e a história moralizante, amplifica o castigo da menina desobediente.

Observamos assim que, quando o texto é longo, a ilustração pode captar algumas situações-chave da narrativa, criar atmosferas e dar ao desenhista liberdade de criação em seus desenhos, o que não existe em textos curtos, em que a ilustração tem a função de complementaridade do texto escrito.

Notas

[1] Capitulares e Letrinas: "Letra de corpo bastante superior ao restante do texto, empregada no princípio do livro [...] na abertura de capítulos [....] desenhada às vezes minuciosamente com arabescos, floreios e figurações diversas" (Rabaça & Barbosa, 1987).

UMA SITUAÇÃO DE LEITURA DE NARRATIVA POR IMAGENS NA SALA DE AULA*

Em artigo publicado pela revista *Leitura: Teoria e Prática*, sobre as práticas utilizadas por professoras de Ensino Fundamental em atividades de alfabetização e leitura, Esmeria Saveli resume algumas das práticas comuns entre os docentes pesquisados. A pesquisa abrange a leitura de textos em geral, onde deve estar incluída a leitura de textos narrativos, como se pode depreender pelas falas das professoras. Entre as práticas referentes à leitura, a autora conclui que as professoras consideram "os textos como entes fechados em si mesmos" e que o texto escrito é tratado "como autossuficiente sem referi-lo a nada além dele mesmo". E a leitura conduzida pelas professoras leva os alunos "a procurar a interpretação correta do texto" (2003). Esta fala de uma professora de 3ª série resume bem esta procura pela "interpretação correta":

> Não dá para deixar cada aluno falar sobre o que compreendeu do texto. Assim, cada um vai dizer uma coisa e como eu vou fazer a interpretação do texto? Eu não entendo essa coisa de que a leitura de um texto tem muitos significados, pra mim leitura é dizer o que está escrito.

Por outro lado, o comentário de Saveli sobre a argumentação dessa professora aproxima-se bastante da perspectiva que adotamos acerca das narrativas literárias, mostrando que os alunos devem ser ouvidos em suas interpretações muitas vezes diversas, pois os textos da ficção facultam certa liberdade para a leitura:

---

* Capítulo produzido por Juvenal Zanchetta Jr.

Concebida desta maneira, atribui-se à leitura pressupostos positivos e normativos que levam a ignorá-la como atividade produtora de significados. Dessa forma, não se leva em consideração que os textos são abertos, entremeados de "não ditos", que requerem movimentos cooperativos, conscientes e ativos por parte do leitor. A criança, ficando engessada pelas questões propostas para a "interpretação ou compreensão do texto", acaba por fazer a leitura que se exige que ela faça. Com isso a leitura fica reduzida a uma atividade meramente receptiva. (Saveli, 2003)

Outro ponto interessante mostrado por Saveli diz respeito à avaliação da leitura restrita à "oralização" do texto escrito. O depoimento de uma professora de 4ª série é claro sobre esta prática:

> Como eu vou saber se a criança sabe ler se ela não ler para mim? E depois tem outra coisa, se a gente não pedir para eles lerem alto, eles só passam os olhos pelo texto e não leem nada. (Saveli, 2003)

Se estas práticas docentes limitam a compreensão de quaisquer textos, elas são ainda mais limitadoras quando se trata de narrativas literárias, as quais, pelas suas características artísticas próprias, se abrem a diversas interpretações, pois mexem ao mesmo tempo com a imaginação e com a experiência dos leitores. Ora, se isto ocorre com textos escritos, onde as palavras, pela sua natureza já limitam um tanto a significação da obra, o que se dirá em relação aos livros de imagem, em que o desenho deve por si só narrar a história, e aos livros ilustrados, onde a ilustração se articula com as palavras para conjuntamente comporem a narrativa?

A ficarmos na leitura limitada aos questionários tradicionais ou a buscar apenas o aspecto denotativo das histórias, não chegaremos à riqueza que se abre nas mais diversas maneiras que cada leitor experimenta ao ler o texto – o verbal e a imagem. Essas práticas tradicionais limitam a compreensão e a fruição de um texto literário, e não aprofundam o domínio das estruturas narrativas e de outros elementos literários. Tem-se aí um grande desafio: como o professor deve proceder para incentivar, aprofundar e consolidar o gosto pela leitura? Embora leve-se em conta o fato de ser uma atividade em parte individual e solitária, o percurso da leitura tem um terreno em que o professor pode atuar, mesmo que não se saiba ao certo até onde isso é possível.

Não se trata de uma receita, pois são diversos os fatores contextuais e individuais que concorrem para o fenômeno da leitura, de modo que esquemas rígidos de abordagem de livros de ficção tendem mais a afastar do que a aproximar os alunos dos livros. Aliás, são comuns leitores que se constituem à margem de processos pedagógicos. Abordaremos uma situação concreta, para destacar algumas características gerais do processo de leitura. Para tanto, consideramos uma situação concreta de leitura, num cenário específico, envolvendo leitores iniciantes ainda em fase de alfabetização. Nesse momento da formação, exigem-se experiências consistentes para o incentivo da leitura ficcional, algo difícil na escola, pela recorrente precariedade de recursos (mesmo pela falta de livros), e pela concorrência com meios como a televisão – cujo apelo é imediato e diferente da abstração necessária para a leitura da literatura.

Optamos pela análise da leitura de uma narrativa desenvolvida apenas por imagens, leitura essa realizada por turmas de quinta série do Ensino Fundamental, de uma escola pública da periferia da cidade de Assis[1]. Várias foram as motivações para a escolha: a) mesmo passando por uma fase de transição, os alunos dessa faixa carregam muitos dos procedimentos comuns ao período de alfabetização, incluindo-se o convívio intenso com expedientes didáticos calcados em ilustrações; b) diversos estudantes apresentam problemas de alfabetização e ajuste à dinâmica escolar; c) são raros os estudos que tratam especificamente dessa fase de transição na vida escolar; d) trata-se de um momento complexo da escolarização, pois os professores que atuam nessa seriação não são preparados nos cursos de licenciatura para lidar com questões especificamente ligadas à alfabetização; e) tais alunos, finalmente, pela escassez de recursos econômicos, tendem a ser representativos do universo da maioria dos estudantes brasileiros.

E por que observar alunos pré-adolescentes lendo um livro a princípio indicado para crianças pequenas? Porque há uma extensa obra acerca da apropriação simbólica das crianças em fase pré-escolar, em boa parte desenvolvida pela área de Psicologia, obra essa que tem em Denise Escarpit um dos seus principais referenciais. É pertinente destacar sinteticamente como essa autora francesa descreve o processo de evolução da percepção da criança sobre as imagens:

> A criança vai reconhecer primeiro os sinais tranquilizadores, porque são a reprodução da realidade: são elementos picturais separados que a criança decodifica e nomeia separadamente; é uma leitura por enumeração ou mais exatamente por desmembramento e denominação de itens. Mas a soma linear das significações dos elementos picturais denominados não constituem a significação da imagem; e isto a criança o percebe. Com efeito, ela vai tentar, de página em página, de imagem em imagem, descobrir os laços que unem estes signos (ou sinais), para construir, com toda liberdade, um mundo que será para ela a realidade do momento. Esta construção se traduzirá por uma frase que estabelecerá laços entre os diferentes elementos da enumeração inicial e chegará a uma descrição – quando a criança toma consciência da ação denotada – e a uma interpretação – quando ela estabelece relações entre os denotados visuais (itens ou ações) de uma mesma imagem ou de imagens diferentes, ou de relações entre os denotados visuais e sua própria experiência.[2]

Em que pese o fato de a autora contribuir bastante para a compreensão do processo inicial de leitura de imagens, há um desafio bem menos estudado no percurso de aprendizagem da criança no início da escolarização: verificar como se dá a leitura de ficção quando os alunos já dominam o universo simbólico e conseguem dar sentidos mais articulados e abrangentes aos livros ilustrados, e mesmo àqueles com texto escrito relativamente extenso. Daí mais uma explicação para a escolha de quintas séries: nesse cenário, seria possível notar características a partir de leitores em diferentes fases, incluindo-se desde semialfabetizados até crianças em adiantado nível de leitura e escrita (revelando um quadro mais amplo de comportamentos de leitura).

A história lida pelos alunos foi "O pato", que integra o livro *O gato Viriato* (Ediouro, 1996), de Roger Mello (analisado no quarto capítulo deste livro). A narrativa desenvolve-se em dez páginas, com dezessete ilustrações postas de página em página, seguindo-se as convenções gerais das histórias em quadrinhos (leitura da esquerda para a direita, de cima para baixo). Em alguns momentos, há apenas uma ilustração ocupando o espaço da página. Em outros, duas ou três ilustrações se sucedem, numa mesma página.

Resumindo: Um grupo de patos descansa tranquilamente. Surge, então, com um pulo, o gato Viriato, em meio aos patos, que voam assustados. Ao cair, o gato surpreende-se com um ovo, deixado pelos patos. A noite chega, Viriato dorme sobre o ovo. O tempo passa e é a vez do gato levar um susto: aquecido pelo gato, o ovo quebra-se, surgindo um patinho. Contrariando a regra, Viriato passa a cuidar do pato: leva-o para passear, não deixa que comam o bichinho e tenta ensiná-lo a voar. Seu modo de agir com o pato torna-se motivo de gozação dos outros gatos, até a surpresa final.

Depois de lida a história (individualmente), os alunos foram convidados a narrar, por escrito, a aventura do gato Viriato e seu patinho. Na falta de livros para toda a turma, as páginas do livro foram reproduzidas em transparências coloridas e mostradas página por página. A professora tinha um exemplar da obra e, à medida que mostrava as transparências em projetor, também mostrava as respectivas páginas do livro. Cada aluno recebeu uma cópia da história, reproduzida em suas ilustrações, na mesma ordem em que elas aparecem no original.

As impressões dos alunos foram obtidas em dois tempos diferentes. No primeiro caso, o professor apenas mostrou as ilustrações em transparência e concomitantemente as páginas do livro. Não foi feito comentário algum sobre a significação das ilustrações. Em seguida, os alunos receberam cópia da história e construíram a narração por escrito (sem que se definisse o espaço das páginas em que eles poderiam escrever). Na segunda turma, os alunos viram as ilustrações em transparências e nas páginas do livro com o auxílio do professor, que procurou destacar os elementos visuais presentes em cada desenho. Receberam cópia da história e construíram a narração por escrito, em espaço indicado pelo professor. Em cada uma das turmas, as atividades foram desenvolvidas em duas aulas contíguas.

O exercício teve boa receptividade entre os alunos. Nos dois cenários, todos recontaram a história. Vários chegaram a colorir as ilustrações. Foram raros os que não conseguiram escrever a história por inteiro. Quando isso aconteceu, a explicação foi a falta de tempo. Ao todo foram construídas cerca de 50 narrativas, metade em cada turma. No segundo episódio de leitura, em que os alunos receberam alguma informação do professor, as narrativas construídas pelos estudantes apresentam um pouco mais de cuidado na descrição, mais detalhes e um encadeamento algo mais consistente. No entanto, as características gerais se assemelham nos dois casos de leitura.

A sistematização das impressões permite agrupar as narrativas construídas pelos alunos dos modos dispostos a seguir. Apresentaremos a transcrição de algumas delas, quando se mostrarem significativas para as noções sob estudo[3]. Optamos pela reprodução dos textos obedecendo em grande parte a redação original dos alunos, pois, além de o objetivo principal ser a observação das características da narrativa e não da escrita, o registro original não dificulta a compreensão dos textos. No entanto, é preciso salientar que os textos destacados não refletem a envergadura do desafio da escrita a ser enfrentado na escola.

Leitura com predominância descritiva

A ação do leitor em relação ao texto se dá de maneira pontual: ele refere-se aos elementos que vê em cada quadro, individualizando-os e lendo-os como retratos "fechados", promovendo ligação tênue, por vezes equivocada, entre os quadros. Não significa que o leitor não compreenda o fio condutor da narrativa, mas suas referências baseiam-se nas ilustrações e tendem a voltar-se a elas e menos à história como um todo:

Os pato estão conversando...; E o gato chega e assusta...; O gato esta com o pato em cima do ovo do pato...; O gato está dormindo em cima do ovo...; O gato assusta ao ver o pato...;Ele anda com o pato nas costas...; A namorada do gato chega e o gato fica feliz...[4]

A leitura quadro a quadro, menos atenta ao conjunto, pode implicar problemas de entendimento, chegando-se a interpretações diferentes (de personagens e situações) daquela proposta pela história linear. A cena em que a gata pede o patinho para comer e foge com a reação de Viriato tem três ilustrações (duas numa página e uma na outra). Um dos alunos acha, no entanto, que Viriato acabou espantando a gata e um segundo gato[5]. A narração a seguir é outro exemplo:

> *Eles [os patos] estão queto...; O gato venho e assustou os pato...; O gato esta esquentanto ovo...; Em quanto isso [Viriato dorme sobre o ovo] o gato esquenta o pato...; O gato estava tertando voar [na verdade o gato leva um susto com o surgimento do patinho]...; O gato esta passeado com o patinho...* [6]

O modo como o leitor narra a história é dinâmico (verbos no gerúndio, sugerindo ação em continuidade), mas há equívoco de compreensão. A leitura aponta para a falta de domínio do código visual (o gesto de saltar é utilizado para mostrar a surpresa do gato) e/ou para memorização equivocada do conjunto da narrativa (até aquele momento, não há indícios da ação de voar). Mais adiante, o mesmo leitor irá observar a cara de desânimo do gato, depois de tentar sem sucesso fazer o patinho voar, como se o gato estivesse chorando.

Outra característica desse tipo de leitura é a articulação incoerente. Há alunos que narram a história promovendo o encadeamento dos quadros (a partir do tempo verbal e de ligações de elementos entre os quadros), entretanto, sua leitura tem problemas:

> *Os patinhos estava dormindo e alguns estava acordado...; O gatinho assustou os patinho para ele pegar o ovo...; O gatinho não consegia dormir pensando que alguém ia pegar o seu ovo...; O gatinho estava dormindo com o seu ovo...; O gatinho tentou assustar o pato...* [como dissemos antes, quem se assusta com o aparecimento do patinho é o gato]; *O gatinho andando com o patinho nas suas costas...* [7]

Nos quadros iniciais está reforçada a ideia do apego do gato ao ovo, algo que só vai ocorrer mais adiante (quando o ovo vira um pato). Em seguida, o leitor diz que Viriato tenta assustar o pato. Logo depois, afirma que os dois estão andando juntos. Quando o gato se põe desanimado pela frustrada tentativa de fazer o pato voar, o aluno o vê triste por ter assustado os patos (situação inicial da história).

Uma terceira característica percebida nesse perfil de leitura é a precariedade de referências além daquelas explicitamente mencionadas nas ilustrações. Em razão de estar ancorada em quadros percebidos como "fechados", a leitura tende a destacar a marcação das ações e menos dos indicadores temporais, espaciais e situacionais da narrativa. A leitura não constrói a narrativa, antes reporta seus elementos mais visíveis. O "preenchimento das lacunas" do texto está ancorado na experiência pessoal do leitor e menos das indicações propostas pela ilustração. A cena inicial, por exemplo, em que os patos aparecem descansando e de olhos fechados, é percebida como uma situação em que os patos estão "conversando". Note-se a sequência proposta por um dos alunos:

Era uma vez um gato chamado Viriato, ele encontrou quatro patos, o gato tentou pegar o ovo do pato...; Ele assustou os pato e pegou o ovo...; Ele ficou segurando o ovo...; O patinho dentro do ovo começou a se mexer...; O patinho nasceu...; O gato carregou o patinho nas costas...; [...] O gato foi pra cima da gata e a gata ficou assustada e fugiu...; O gato e o patinho andando na chuva...[8]

Embora haja certa fluência narrativa, a dimensão temporal é suprimida e a ação, reduzida à mera ilustração. Entre o patinho "começar a se mexer" e Viriato carregá-lo nas costas, não há marcação temporal alguma. Mais adiante, as ações de expulsar a gata e passear na chuva também não são concatenadas.

Por fim, é preciso destacar que a descrição está na base das leituras mais fragmentadas, mas também na composição dos diversos outros perfis de leitura. Torna-se problemática quando ocorre isoladamente. No nosso caso, as razões para a construção das narrativas tal como apontamos se deve a uma percepção menos articulada, mas também a outros fatores, que vão desde a dificuldade de entendimento de códigos gráficos até o desafio de escrever. Nos dois cenários de aplicação, verificamos apenas cerca de dez narrativas com tais características, havendo o mesmo número de ocorrências tanto no cenário de leitura individual, como no cenário de leitura auxiliada pelo professor.

Leitura com predominância da paráfrase

Para além da descrição, neste plano o leitor domina a narrativa, ao menos no âmbito da paráfrase. As ilustrações passam a ser vistas mais como "janelas" do que como "retratos". A percepção dos códigos visuais e da ideia de conjunto da narrativa inspiram o leitor a dar vida às cenas retratadas, num exercício de reconstrução de imagens que geralmente carrega boa carga de individualidade. É possível pressupor que o aluno, mesmo intuitivamente, saiba os pontos relevantes da história (a situação inicial, a situação de desequilíbrio e o desfecho).

Vários foram os alunos que entenderam todos os passos da aventura do gato Viriato. Chegaram inclusive ao exercício de ligação entre os diversos quadros ilustrativos. As paráfrases também se diversificam. Houve alunos que reproduziram quadro por quadro, apontando descritivamente as situações elencadas, como em

Os patos estavam conversando / uma senhora estava chocando um ovo / de repente saltou um gato em cima dos patos mas eles saíram avoando / o gato encontrou um ovo / ele dormiu em cima do ovo / ele acordou com o patinho [que] *saiu do ovo / ele estava andando e encontrou uma gata / que queria comer o patinho. / O gato brigol com a gata, / o gato andava para tudo qualquer lado, estava chuvendo o patinho colocou guarda-chuva / o gato tenta ensinar ele avoar mas ele não consegue / o gato tenta de novo coloca um paraquedas / mas o patinho não consegu / e o gato disanima...*[9]

Embora esteja presa às ilustrações (as divisões no texto marcam as passagens com desenhos no livro), a narrativa acima mostra fluência. Há desenvoltura na descrição dos quadros, incorporando-se elementos provenientes de outras ilustrações, com certo desenho pessoal já visível, como em "o gato andava para tudo qualquer lado..."

Outras leituras conseguem deixar o caminho quadro a quadro e escrevem uma narrativa associativa, com relativa autonomia e individualidade, explicitando um pouco mais elementos que apontam para a identificação entre personagens e o leitor:

Era uma vez um pato, um ganso e uma galinha. Eles assustaram porque de repente apareceu um gato [que] pulou em cima deles e quis pegar o ovo que a pata havia botado. Ele dormiu a noite inteira com o ovo que ele pegou e o ovo nasceu e o gato saiu para passear com o pato. De repente ele viu uma linda gata quando ele estava passeando e a gata falou que estava com fome porque ela viu o patinho do gato e o gato ficou muito bravo e começou a chover e de repente o patinho caiu porque estava ensinando o pato a voar e ele então colocou o paraquedas nele para ele voar só que ele estava triste porque ele não voava e passaram uns gatos e começaram a caçoar dele, porque ele não comia o pato e então o pato foi para bem longe dali e o gato pulou para o pato voar.[10]

Diversas são as formas de concatenação dos quadros (*e...e...*, *daí...daí...*, *aí...aí...*, *quando...quando...*), entretanto, elas ainda são marcadas por certa horizontalidade, porque as situações são encadeadas como se fossem todas elas semelhantes (em termos de intensidade, de gravidade etc.). O gato dormir sobre o ovo, assustar-se com o recém-nascido e tolerar a gozação dos outros gatos são atitudes postas como iguais e vistas da superfície:

Era uma vez uma pata [que] botou um ovo e ao lado dela tinha um monte de patos...; E daí o gato espantou os patos do lado do ovo...; E o gato pegou para ele o ovo...; e daí o gato dormiu com o ovo...; e daí o gato se assustou que o patinho nasceu...; e daí o gato levou o patinho para passear...; E daí o gato viu uma gatinha na rua e ele se apaixonou por ela...; E daí a gata falou se o gato dava o patinho para ela comer...; E daí o gato deu o susto na gato e ela foi embora...; E daí o gato passeou na chuva com o patinho e o patinho estava com um guarda-chuva...; E o gato imitou que ele estava voando para ver se o patinho voava...; E daí o patinho caiu de cabeça...[11]

Embora as marcas do tempo mais visíveis sejam percebidas, há certo achatamento temporal. As situações narradas tendem a apresentar uma mesma "duração" e o tempo é visto de modo linear e imediato. O exemplo a seguir mostra uma leitura de compreensão plena da narrativa, envolvida, e com associações de cunho pessoal sem deixar as marcas do texto. Entretanto, as referências temporais ainda são aquelas restritas às explicitadas na narrativa:

Os patos estavam conversando, quando de repente um gato apareceu e espantou todos os patos. Só que debaixo dos patos tinha um ovo que ficou com o gato. O gato cuidou do ovo a noite inteira, só que de repente o ovo se abriu e saiu um patinho de dentro do ovo. O gato então foi passear com o patinho...e apareceu sua namorada, a gata. A gata queria comer o patinho só que o gato não deixou. O gato ficou muito bravo e brigou com a gata que foi até embora. Começou a chover, o pato pegou o guarda-chuva e o gato ficou se molhando...[12]

Não é possível afirmar que os leitores acima mencionados não consigam efetuar associações temporais e espaciais para além daquilo que está visível no texto que produziram. O que pode ocorrer é simplesmente a falta de recursos linguísticos para expressar ligações mais complexas. De todo modo, neste plano de leitura, a atitude mais evidente é o apego aos elementos mais concretos da narrativa. A partir daí, a leitura se dá quadro a quadro ou de forma mais conjunta dos elementos, no entanto, tem como característica obedecer a uma espécie de linha horizontal do texto, o que dificulta associações mais intrincadas. Nos dois cenários de aplicação, a leitura parafrástica é preponderante, havendo número semelhante de ocorrências no cenário de leitura individual (catorze narrativas) e no cenário de leitura auxiliada pelo professor (quinze ocorrências). A interferência do professor, embora não se revele em termos numéricos, colaborou para o desenho da paráfrase: as narrativas que sucederam a leitura acompanhada pelo professor apresentam, de maneira geral, mais detalhes e maior consistência.

Leitura autônoma

Trata-se de uma situação de leitura que, além de pressupor o domínio pleno do percurso da narrativa, tende a observar a história não apenas como uma sucessão de episódios. Atitudes de memorização, compreensão e imaginação ganham contorno mais visível e integrado, permitindo-se perceber um território que vai além das ilustrações e uma experiência com reversibilidade (cada situação narrada relaciona-se com o conjunto do que veio antes e se preocupa com o que virá depois). Uma das marcas mais claras desse processo está nas inferências que o leitor consegue estabelecer, para completar a história e mesmo suscitar novos desdobramentos para o percurso original.

Embora parafrástica, a narrativa a seguir está próxima da leitura autônoma:

Era uma vez uns patinhos cuidando de seus ovos. E um gato chegou e assustou os patos, e ficou com o ovo e dormiu com ele. E daí ele dormiu, no quentinho e esquentou tanto o ovo, e o patinho acabou nascendo. Ele foi passear com o patinho e encontrou uma gata e ela gostou dele e ele também gostou dela. Mas ela pediu para comer o patinho, e ele não quis deixar e deu um susto nela e ela saiu correndo. E [o gato] *saiu para passear na chuva e depois o gato queria ensinar o pato a voar. Ele tentou e nada adiantou. Ele estava passeando com o patinho e passou perto de alguns gatos* [que] *começaram a caçoar deles, pra se exibir ele saiu voando. E de vez ele ensinar o pato a voar ele acabou voando.*[13]

Além de se desprender quase por completo da trilha das ilustrações, o texto sugere entendimento aprofundado da estrutura da narrativa. Isso pode ser notado a partir da relação de proximidade entre o gato e o pato, que se deixa transparecer, além das informações que sugerem um espaço de tempo mais longo para a convivência dos dois. O exemplo a seguir, também próximo da paráfrase, mostra leitura que aponta para uma compreensão mais orgânica, construída a partir de situações e não de ilustrações:

Um serto dia tinha uma família de patos reunidos perto do lago. E o gato Viriato pulou por sima dos patos. Mas o gato caiu em cima do ovo. Já de noite o gato foi dormir e ele esquentou o ovo. No dia seguinte o patinho picou o ovo e pulou para fora e o gato assustou com o pato. Já de tarde ele foi passear com o pato. Daí o gato conheceu uma gata e a gata pediu o pato para comer. E o gato ficou uma fera com a gatinha. Depois o tempo começou a fechar. Dali uma meia hora começou a chover e o gato pegou um miniguarda-chuva e deu ao patinho. No outro dia o gato passou o dia inteiro ensinando o pato a voar, até colocou paraquedas...[14]

Eis outro exemplo de leitura autônoma, em que a narração sugere intensa interação entre o leitor e o texto. Embora a leitura mostre um problema de percepção do código visual (a gata foge rapidamente com a reação de Viriato e não "de mansinho"), isso não compromete o entendimento e a vivência com a narrativa:

Um dia quando os patos estavam conversando veio um gato e pulou em cima deles para tentar pegar o ovo que a pata estava chocando. O gato conseguiu pegar e ficou o dia todo vigiando o ovo. A noite chegou e o gato estava dormindo abraçado com o ovo. De repente o ovo se mexeu e saiu de dentro do ovo um patinho, que tinha acabado de nascer, o gato se assustou, mas no dia seguinte estava passeando com o patinho todo alegre. Ele foi andando até que encontrou uma gata e ficou louco por ela, mas quando a gata pediu para ele deixá-la comer o patinho, ele deu um susto nela e ela saiu de mansinho e lá foram passear de novo. Mas de repente começou a chover e o patinho abriu o guarda-chuva para não se molhar, enquanto o gato se molhava. Mas aí o gato decidiu que o patinho precisava aprender a voar, o gato fez de tudo, e tudo o que ele tentava o patinho caía no chão...[15]

De maneira geral, a leitura autônoma transparece não porque o leitor consegue ler "corretamente" determinados elementos ou a história linear de um texto, mas principalmente porque ele consegue construir uma história que vai além das ilustrações. O encadeamento entre uma ilustração e outra não supõe apenas uma relação de contiguidade, mas supõe um cenário vivo e interativo (como se o leitor percebesse a ilustração como uma "janela", mas se colocasse por vezes "do lado de lá"). As ilustrações acabam atuando como pontos de referência. Tanto no cenário de leitura individual como no cenário de leitura assistida pelo professor há narrativas autônomas (cinco na primeira situação e sete no segundo caso). Embora equivalentes em termos de consistência e dinamismo, as segundas tendem a conter mais detalhes e inferências, em parte pela segurança dos alunos após a leitura feita com o professor.

Não é possível estabelecer um limite mínimo para a leitura autônoma e muito menos um limite máximo, pois estamos no terreno da subjetividade, dos contextos pessoais e sociais etc. Há apenas indicações que apontam para a relação autônoma. As leituras transcritas acima mostram domínio pleno das situações da história original, têm certa desenvoltura em relação às referências temporais, mas bem pouca informação explícita sobre detalhes espaciais (onde estariam as personagens da história?), além de marcas pessoais consideráveis. Sua diferença em relação à leitura descritiva está na desenvoltura do encadeamento proposto, com impressões pessoais ancoradas no texto e não apenas na vivência do aluno.

É também importante frisar que não se quer rotular os alunos, enquadrando-os em tal ou qual perfil de leitura, mas destacar características de leitura em um cenário determinado. A pretensão de definir o nível de leitura de um aluno é temerária, pois depende de diversos fatores, vários deles intocáveis pelo professor, desde históricos e contextuais até questões de gosto, de simpatia ou não pelo livro, do modo de aproximação com a história, entre tantos outros. O quadro poderia ser mais complexo caso os alunos fossem inquiridos a partir de entrevistas orais, por exemplo, sem se utilizar da escrita (para muitos um obstáculo).

Os elementos apresentados procuram dar maior clareza sobre o terreno em que o professor pode se locomover para auxiliar o aluno. Trata-se da tarefa de estimular o leitor a entender os códigos de imagem e a compreender elementos do encadeamento narrativo. É um exercício que se dá no plano da percepção cognitiva, mas que não significa ler pelo aluno ou fixar um determinado tipo de leitura: apenas auxiliá-lo a perceber os elementos mais aparentes da narrativa, para que ele venha a ler com autonomia não um determinado livro, mas diversos livros. Essa tarefa não se confunde com o exercício estéril de descrever personagens e situações narrativas (basta lembrar o desserviço prestado pelas fichas de leitura dos livros paradidáticos de alguns anos atrás).

> A tarefa do professor é complexa, pois, ao insistir em evitar que o aluno leia erradamente determinadas passagens, pode sepultar qualquer iniciativa mais pessoal. Por outro lado, o expediente de deixar que a quantidade de livros lidos, por si mesma, faça um leitor melhor, pode incorrer num tipo de leitor que enxerga sempre as mesmas personagens e "a mesma história" (o leitor não compartilha sua experiência com a do livro, apenas superpõe uma à outra). Os limites da intervenção devem ser observados em cada contexto, em cada livro, a partir das características de cada turma e, se possível, de cada aluno. Os resultados dessa intervenção, por seu turno, também são dificilmente mensuráveis. Note-se que, nos exercícios que propusemos para as quintas séries, as narrativas se equivalem nos dois casos (leitura individual e leitura assistida), havendo apenas alguma diferença em termos de densidade dos textos produzidos.

Finalmente, é preciso lembrar que, embora tenhamos lançado mão de uma história composta apenas por ilustrações, o cenário a ser observado com a leitura de livros com imagem e texto tende a ser semelhante. Em se tratando de livros mais ricos, em que ilustração e texto escrito têm relativa autonomia, a tarefa do professor será ainda mais difícil, pois, além do código visual, haverá também o código das palavras, a articulação entre ambos e o permanente desafio de auxiliar a "descobrir", evitando restringir a percepção dos leitores.

Notas

[1] São alunos da Escola Estadual Cleophânia Galvão da Silva, sob coordenação da professora de Português, Neide Ganime, que gentilmente cedeu o espaço e colaborou de maneira ativa no desenvolvimento da atividade.

[2] Escarpit, D. La lecture de l'image: moyen d'expression du jeune enfant. Paris, *Communication et Langage*, n. 20, 1973. p. 18.

[3] As narrativas produzidas a partir da abordagem individual da história pelo leitor (primeiro episódio) serão identificadas pela letra A. Já as narrativas da turma cuja leitura do livro foi acompanhada pelo professor (segundo episódio) estão identificadas pela letra B.

[4] Narrativa 19B.

[5] Narrativa n. 6A.

[6] Narrativa n. 19A.

[7] Narrativa n. 17A.

[8] Narrativa n. 16A.

[9] Narrativa 4B.

[10] Narrativa n. 10A.

[11] Narrativa n. 11A.

[12] Narrativa 21B.

[13] Narrativa n. 5A.

[14] Narrativa 1B.

[15] Narrativa 7B.

SUBSÍDIOS PARA O TRABALHO EM SALA DE AULA

A sondagem de uma narrativa por imagem, feita em duas turmas de quinta série de escola pública e descrita no capítulo anterior, conduz a algumas reflexões sobre a compreensão da leitura de narrativas por crianças nesse estágio de escolarização. E, também, a pensar em estratégias pedagógicas para o aprofundamento dessa leitura. Em primeiro lugar, constatou-se que, por um lado, os alunos mostraram um domínio da estrutura narrativa em suas linhas gerais. Mas, por outro, ficaram claros dois aspectos importantes para o trabalho do professor em sala de aula:

1) Observamos existir diferentes estágios de domínio tanto da língua portuguesa quanto da narrativa entre os alunos. Numa ponta, constatamos uma leitura autônoma, com o preenchimento dos "brancos" entre uma imagem e outra, o uso de conectores, a interpretação de cenas e de expressões de personagens com aportes pessoais, a leitura correta da maioria dos códigos gráficos e o domínio satisfatório da língua portuguesa escrita.

2) Na outra ponta, observamos uma leitura fragmentada em relação aos elementos internos da estrutura narrativa, não indo além da leitura descritiva, ausência de conectores que conduzem e cimentam a história, pouca atenção ou compreensão dos códigos gráficos mais comuns, pouco ou nenhum aporte pessoal na interpretação da ação e da expressão dos personagens. E nesta outra ponta, revela-se o domínio escrito ainda precário, o que, em parte, interferiu na elaboração do texto por alguns alunos.

O estudo da literariedade de narrativas não é consenso entre os especialistas. Como sugerem Poslaniec & Houyel, o trabalho do professor na escola seria propor aos alunos a aquisição de algumas das "ferramentas literárias" básicas. Com elas, segundos os autores, pode-se ultrapassar "uma leitura impressionista, e ir além da competência para encontrar e interpretar os implícitos do texto", a fim de que "os jovens se tornem capazes de apreender a arquitetura, o modo de construção dos textos literários". Selecionando aspectos da literariedade para o nível da escola fundamental, consideramos que ela abrange, entre outros elementos, a estrutura narrativa, a linguagem, os personagens, o tempo, o espaço, o narrador e o ponto de vista, as formas e gêneros literários e até a intertextualidade, além da temática.

Nosso objetivo neste livro, porém, se restringe ao trabalho com a estrutura narrativa tal como se apresenta na maioria dos livros para crianças e jovens. Assim, proporemos aos professores sugestões para o aprofundamento da leitura da narrativa a partir desses livros. São linhas gerais e aspectos pontuais de atividades a serem aproveitadas pelos professores, que as adaptarão às suas práticas e à sua maneira pessoal de lidar com os livros infantis na sala de aula.

PREPARAÇÃO DO TRABALHO PELO PROFESSOR

Roteiro pedagógico para o ano letivo

Na planificação de trabalho para o ano letivo, o professor precisa levar em conta as horas (semanais, mensais) que pretende dedicar à leitura de narrativas. Seria interessante pensar em três momentos de leitura de livros para crianças:

> a) oferecer um tempo para a leitura livre na biblioteca, dando-se inteira liberdade aos alunos para folhearem livros, escolher o que querem ler e fazê-lo por inteiro ou não;

b) estabelecer aulas de leitura coletiva e espontânea na sala de aula, com livros escolhidos pelo professor ou pela turma, ou por sugestão de alunos, com troca de ideias sobre a narrativa, com a finalidade apenas de ler a história pelo prazer de ler uma narrativa;

c) também já reservando aulas para o aprofundamento da leitura, selecionar alguns livros do item anterior para trabalho durante o ano letivo, nos quais o professor escolherá apenas um aspecto a ser tratado com a classe. É importante salientar a necessidade de não sobrecarregar os alunos, tentando trabalhar com muitos aspectos no mesmo dia e com a mesma história.

Este trabalho exige antes de tudo análise detalhada da narrativa pelo professor – tanto em seus elementos verbais como visuais – a fim de se escolher o assunto a ser tratado. É sobre alguns desses aspectos que, baseados nas análises de livros feitas nos capítulos anteriores, faremos a seguir algumas sugestões.

A ESTRUTURA NARRATIVA

Pode-se trabalhar com a estrutura narrativa desde a pré-escola, contanto que se respeite o estágio de desenvolvimento da criança. Nos primeiros anos, depois de lida a história com a classe, são pertinentes perguntas baseadas nos três momentos da narrativa: como começa a história (personagens, nomes, situação inicial...)? O que acontece para mudar esse começo? Que problema (dificuldade) aparece? O que as personagens fazem para resolver isso? Como conseguem? Como acaba a história? Enfim, cada professor saberá encontrar a boa pergunta para esses passos da narrativa.

Quando o professor sentir que os alunos têm já uma ideia mais ou menos sólida dos três momentos da história (e já sabem escrever), ele introduzirá aos poucos o quadro síntese da estrutura narrativa.

Visualizando o quadro e copiando-o em seus cadernos (o professor pode também fazer um painel que mostrará nas análises futuras), os alunos poderão inventar pequenas histórias seguindo o quadro. Primeiro coletivamente, quando a classe escolhe personagens e a situação inicial. Esse primeiro parágrafo será escrito no quadro, quando já se corrigirão problemas de língua, e copiado no caderno.

Pode-se também dar um tempo para que os alunos pensem histórias seguindo o quadro e que, depois, queiram contá-las para a classe. Isso também pode ser feito em grupos. Um dos seus componentes contaria a história do grupo para os colegas. O assunto pode ser um caso pessoal vivido pelo aluno ou grupo, ou ainda presenciado na família ou no bairro.

Outra atividade possível: cada aluno ou grupo escreve sua história, em classe ou em casa. Em outra aula, elas serão lidas para a turma (escolhidas por sorteio ou apresentadas em vários momentos da semana), comentando-se em conjunto a organização estrutural dessas narrativas. Depois da leitura oral para a turma, pode-se escolher uma dessas histórias (com a anuência do aluno ou do grupo) para ser escrita no quadro, a fim de se analisar a estrutura narrativa. É um excelente momento para se introduzir a necessária releitura e reelaboração de textos escritos, atividade pouco desenvolvida na escola. Essa reescrita é feita com a participação da classe, pois cada aluno achará alguma coisa para refazer no texto, propondo novas palavras, a introdução de conectores, quando for o caso. É também o momento de trabalhar a língua escrita, corrigindo pontualmente grafias, concordâncias, pontuação etc. Um aspecto a ser destacado é a introdução dos dêiticos, pois, como observamos nos textos de nossa sondagem, os alunos ainda repetem seguidamente o substantivo sujeito, por exemplo, em lugar de colocar o pronome correspondente (como *o gato* substituído por *ele...*).

> Quanto aos conectores, o professor pode sugerir alguns (que correspondam ou não ao momento da narrativa) para que a classe escolha um de sua preferência, que se relacione com o momento da história.
>
> Finalmente, passa-se à análise da estrutura narrativa de livros lidos, começando-se pelos mais simples. Uma boa introdução para isso é trabalhar com tiras de quadrinhos, que, por serem curtas, facilitam a localização dos três momentos da narrativa. (Neste livro, analisamos no quarto capítulo uma história da Bruxinha Atrapalhada, de Eva Furnari, cuja obra se presta com facilidade para a iniciação à análise de narrativa.)

Chamamos a atenção dos professores para o fato de que a elaboração escrita dos textos lidos ou o relato oral constituem um enriquecimento do domínio linguístico dos alunos, como afirma Denise Escarpit: "o papel do texto é fundamentalmente um papel informacional de confirmação da mensagem e, no plano linguístico, um papel de enriquecimento lexical e sintático da expressão". Mesmo que não se faça de imediato a correção linguística dos relatos, já estamos trabalhando com o enriquecimento da língua materna.

ANÁLISE DA ESTRUTURA NARRATIVA DE TIRAS

As tiras de jornais, por contarem histórias em dois ou três quadrinhos, são exemplos que facilitam a compreensão dos três momentos da narrativa, pois, pela exiguidade de seu espaço, apresentam uma capacidade máxima de síntese estrutural. Analisemos duas tiras do cartunista Fernando Gonsales, com suas histórias do rato Níquel Náusea (uma provável caricatura de Mickey Mouse, a começar pela escolha paródica do nome).

Gonsales, veterinário de profissão, acabou trocando a clínica pela atividade de cartunista. Podemos considerar suas tiras como fábulas contemporâneas. A observação dos animais, vinda de sua formação veterinária, transformam suas histórias em caricaturas de comportamentos humanos de nosso tempo: a barata Fliti, viciada em naftalina e inseticidas, o rato Rutter, glutão e burro etc.

Tirinha de Gonsales: integração perfeita entre texto e imagem, onde cada quadro representa um dos três momentos básicos da estrutura padrão da narrativa: situação inicial, desenvolvimento e desenlace.

Nesta tira do caderno Ilustrada, da *Folha de S. Paulo* (27-7-2000), Gonsales nos apresenta, em apenas três quadros, a perfeita estrutura padrão da narrativa, nos seus três momentos básicos, além do final inesperado para o leitor, criando o "solavanco mental" ao qual se refere Saliba e comentado aqui no quarto capítulo. O segundo aspecto que nos interessa nesta tira é a perfeita integração entre texto e imagem, que se destaca porque cada um dos elementos (verbal e não verbal) não se sustenta sem o complemento do outro.

No primeiro quadro, a situação inicial já começa pelo *problema*: a mulher constata que o chinelo do vovô foi destruído pelo cachorro da casa. Essa informação vem do balão, quando a mulher vê os restos do chinelo no chão. Neste quadro, o escrito é fundamental para dar início à história: sem o balão ficaria difícil para o leitor identificar o objeto no chão, a quem pertencia e o que aconteceu com ele.

No quadro do meio está o desenvolvimento, ou seja, a busca de solução para o problema. A mulher segura o objeto, que agora, sabemos, é o que restou do chinelo do vovô, e esboça a solução do problema anunciado: "Vou ter de comprar outro...".

Novamente o texto escrito é o elemento mais importante para informar o leitor sobre o provável desenlace do caso. Entretanto, as reticências na fala da mulher preparam o desenlace inesperado do terceiro quadro. A interrupção da frase nesse quadrinho induz o leitor a pensar o mesmo que a mulher: comprar novos chinelos.

Mas no quadro final há uma total reviravolta na sequência da história, quando a mulher vê o cachorro morto no chão, causando o "solavanco mental" no leitor. E, nesse caso, só a visão do cachorro morto no chão explica a mudança de conclusão da mulher, que termina sua frase anterior no balão seguinte. Aqui, a imagem é imprescindível para criar o humor da história e contrariar o senso comum formado pelo quadro do meio. A conclusão deve levar o leitor a considerar que a morte do bicho foi causado pelo chulé assassino do chinelo do vovô.

Essa concentração de elementos da narrativa em apenas três quadros estimula o raciocínio do leitor, sem o que a anedota não será compreendida.

Nesta outra tirinha de Gonsales, o entrosamento entre texto e imagem é ainda maior. Entre o quadro que representa a situação inicial e o que mostra o desenlace, o desenvolvimento é apresentado em três quadros superpostos. O conjunto requer do leitor o preenchimento dos "brancos" da narrativa.

Nesta outra tira de Gonsales (*Folha de S. Paulo*, Ilustrada, 4-5-2000), o estímulo ao raciocínio do leitor, para entender o desenlace, é ainda maior. Os três momentos da narrativa também estão bem marcados e o entrosamento entre desenho e palavras é total. Além do enriquecimento do espaço em dois ambientes, o desenvolvimento se divide, entre os dois quadros, por sua vez, em três momentos contidos em três pequenos retângulos em coluna.

137

No primeiro quadro temos a situação inicial já com o problema: Níquel tem que provar sua coragem para alguém, arrancando um fio do bigode do gato, que está no colo da mulher, ambos em completa tranquilidade (olhos fechados, risco da boca para cima). O desenvolvimento, nos três retângulos do meio, requer um esforço de complementação dos "brancos" entre um quadro e outro, além de marcar momentos temporais determinados (o rato entra na sala, arranca o pelo e sai correndo). O retângulo do meio é o mais interessante, porque a ação de arrancar o pelo é apenas indicada por duas onomatopeias: um "tic", rodeado de risquinhos, o que revela a ação do rato, e um "ai" humano, com as maiúsculas indicando que o berro de dor foi alto.

O desenlace – cumprimento do ato de coragem de Níquel e o aparecimento da personagem que pediu esse ato – levanta uma questão: ele pegou o fio da barba do gato ou um pelo da perna da mulher? As palavras da rata, no balão, mostram que ela não está convencida sobre o tal pelo ser do gato. Como saber? Basta olhar as três estrelinhas junto à perna da mulher (código gráfico indicando dor, além da perna esticada) e a expressão de ambos: olhos arregalados, a boca da mulher e o gato não está mais em repouso.

Finalmente, analisamos uma terceira tira, com a história de Geraldinho às voltas com sua mãe, criadas pelo cartunista Glauco (*Folha de S. Paulo*, Folhinha, 20-2-1993).

No estilo peculiar de Glauco, os três momentos básicos da narrativa também aparecem resumidos em apenas três quadros. O professor pode explorar os signos gráficos para ajudar o aluno a compreender a riqueza expressiva da história.

Na cena inicial, a mãe manda Geraldinho para a escola sem o seu amigo Cachorrão. Observar o gesto autoritário da mãe: braço estendido e dedo esticado para a frente. No segundo quadro, apresentando o desenvolvimento, Geraldinho parece obedecer a mãe: ele se despede do bicho, através do balão. Neste quadro, palavras e desenhos se completam com elementos que preparam o desenlace. O "tiau" de Geraldinho é respondido pelo Cachorrão com um "au!" dentro de balão, levantando a suspeita de que o bicho está dentro da mochila. Risquinhos em círculos são códigos gráficos chamando a atenção para a presença do bicho lá dentro.

No desenlace, a confirmação: o rabo do cachorro ficou de fora e a mãe ainda em dúvida (observar sua expressão: ela não se mostra mais autoritária, mas pensando, desconfiada: dedo indicador apontando para a boca). Entretanto, sua fala mostra que ela já percebeu tudo e está retomando a postura autoritária. O desfecho é previsível: mandona, a mãe vai fazer o cachorro sair da mochila. No caso do traço de Glauco, é importante chamar a atenção para seu estilo, ao indicar movimento repetindo pernas, braços e o rabo do cachorro, num processo de simultaneidade.

Tiras como as de Gonsales e de Glauco, com seus finais inesperados e inéditos, estimulam o raciocínio das crianças para encontrar a solução, além da concentração dos momentos da narrativa em poucos quadros, o que facilita a compreensão desses elementos.

Códigos gráficos

Observamos nos textos produzidos pelos alunos, após a "leitura" da história "O pato", extraída do livro *O gato Viriato*, de Roger Mello, que muitos deles ainda não percebem ou não dão a devida atenção a certos códigos gráficos comuns. Um exemplo é o momento em que o gato Viriato se apaixona pela gata. Um código banal foi usado: colocar um ícone de coração estilizado acima da cabeça do gato para indicar a paixão súbita do bicho. Das 23 crianças do primeiro grupo, observamos que 13 delas escreveram que Viriato se apaixona pela gata, entendendo perfeitamente o código. Nove não fazem referência à paixão de Viriato e um faz uma leitura equivocada em parte: escreve que a gata se apaixona por Viriato, embora o coração esteja acima do gato. O aluno entendeu o código parcialmente. Estes problemas foram resolvidos, por exemplo, com o segundo grupo, quando a professora conversou com a classe sobre a história antes de os alunos a escreverem.

Há muitos caminhos para se estudar os códigos gráficos. Podemos dividi-los em três tipos: os abstratos, a hipersignificação de ações e do gestual de personagens e, por fim, as onomatopeias.

Os códigos abstratos são traços, desenhos, ícones (como o coração estilizado) que marcam reação das personagens, mostram movimentos (como os riscos curvos ou retos indicando que a personagem corre, pula, voa etc.). Já a intensificação da ação e da expressão das personagens constitui elemento básico para substituir as palavras que, no texto escrito, indicariam tal intensificação. Exemplo: o pulo de Viriato mostrando o susto ao ver o patinho sair do ovo ou seu pulo de raiva para pôr a gata para correr, quando ela pede o patinho para sua refeição. Viriato está com os pelos arrepiados, as unhas de fora, as patas abertas e o pulo é exagerado para mostrar a reação do gato. Nas análises feitas nos capítulos anteriores, os professores encontrarão indicados muitos exemplos desses códigos e poderão completá-los com sua própria análise de livros infantis e gibis.

As onomatopeias, segundo os especialistas, foram a contribuição mais importante para a visualização de elementos sonoros em histórias sem palavras. O ilustrador Alcy usa-as com frequência, como se comentou a respeito de *O peru de peruca*. Recomendamos ainda observar as ilustrações de Alcy para *A curiosidade premiada*, de Fernanda Lopes de Almeida, citado de passagem neste livro. Pode-se recorrer às onomatopeias quando escrevemos ou lemos em voz alta a história. Que barulho teria feito a cabeça do patinho quando caiu do degrau no ladrilho do piso: "Ploft?" "Plim?"

Outro aspecto gráfico bastante utilizado é a mudança do tipo de letras e de seu tamanho, para revelar situações diversas. Recomendamos particularmente o livro de Graça Melo, *Noite de cão* (1996), que, numa história atraente, emprega uma série de todos esses processos. Numa de suas páginas vemos o cãozinho chorando em desespero, porque

Exemplo de uso criativo da onomatopeia como recurso gráfico em *Noite de cão*, de Graça Melo: as letras que representam o latido desesperado do cachorro diminuem de tamanho até se perderem na noite.

não pôde segurar a lua pela corda. A autora emprega dois processos gráficos: a onomatopeia do latido ("Au!"), mas, as letras começam bem grandes e vão diminuindo gradativamente de tamanho, de modo a reproduzir graficamente o som do latido que vai sumindo no espaço, em direção à lua.

A fim de facilitar a análise desses códigos para os alunos, o professor pode começar pelos gibis e tiras, a exemplo dos da Mônica e sua turma, hoje bem conhecidos pelas crianças. Entretanto, criadas há mais de trinta anos por Maurício de Souza, essas histórias se empobreceram em termos temáticos e expressivos, pois hoje são feitas por equipes de desenhistas, que devem rotinizar gestos, expressões, códigos. Por isso, foram simplificados, se transformando em clichês.

Já nos livros para crianças, os ilustradores são artistas independentes, que têm seu estilo próprio. Por isso, as histórias destes criadores são mais ricas, mais complexas em seus traços, nos "brancos" entre os quadros, exigindo do leitor esforço maior de compreensão. Por esta razão, a história do gato Viriato, embora aparentemente simples, apresentou dificuldade de leitura para crianças já na quinta série, ocasionando os problemas indicados na análise dos textos em nossa sondagem. Mas são essas dificuldades que fazem o aprofundamento da leitura avançar, que desenvolvem a inteligência dos alunos, enquanto histórias com menos recursos podem até divertir as crianças, mas não estimulam a percepção da riqueza expressiva dos códigos gráficos.

Conectores temporais

Toda narrativa se organiza em torno de uma lógica temporal, pois os fatos se encadeiam sucessivamente, relacionando-se uns com os outros através de elementos linguísticos, que os situam num determinado mo-

No que diz respeito a expressões das personagens, um bom trabalho será fazer pequenos painéis com figuras recortadas de gibis e tiras, onde se reúnam códigos gráficos de expressões gestuais ou faciais. Apresentamos como exemplo este exercício feito pelo cartunista Gual, num encontro com adolescentes. Ele se apoiou em expressões faciais de Osamu Tezuca, mostrando combinações de traços que expressam as mais variadas reações humanas[1]. O professor, aproveitando estes desenhos, pode solicitar da classe, conforme seu nível, que analise o que significam. Entretanto, o importante neste trabalho é não apenas reconhecer o que significam as expressões, mas indicar os traços que a revelam.

O professor pode ajudar os alunos a interpretar as diferentes expressões fisionômicas dos personagens, levando-os a identificar os traços básicos que as compõem: direção das sobrancelhas, contorno da boca e olhos etc.

142

> As histórias da Mônica apresentam um pequeno número de expressões, com os mesmos traços gráficos, de modo que é um trabalho mais fácil para os alunos menores e pode-se perfeitamente começar com elas. Depois deste exercício, feito em etapas, pode-se então passar aos traços mais elaborados dos ilustradores de livros infantis.

mento e marcam a duração das cenas. Por isso, os conectores temporais de qualquer tipo são fundamentais para estruturar as narrativas: marcam o fluir da história no tempo, pontuam sequências e cenas, ampliam ou diminuem sua duração, evitando o achatamento temporal, como se comentou na análise dos textos das crianças.

Ora, um dos problemas que mais se destacou nos textos da maioria dos alunos foi a falta de conectores para a necessária ligação entre as imagens, a fim de dar continuidade à narrativa. É portanto um trabalho básico para ser feito pelo professor durante todo o ano letivo. Observamos que alguns alunos têm a noção da necessidade desses elementos de ligação, mas não dispõem de suficiente domínio linguístico e vocabulário para fazê-lo. Assim, usam o conhecido "e daí..." dos relatos orais, que servem também para prender a atenção do ouvinte. No texto escrito, essa repetição fica monótona e pobre. É um trabalho que pode começar na conversa com a classe durante a leitura individual da história. Os resultados desta estratégia pedagógica são concretos: a turma B, que foi testada com esse procedimento, já apresentou um grande número de conectores em seus textos.

Esses conectores podem ser advérbios, locuções de diversos tipos, inclusive incluindo-se indicadores de duração da ação. Por exemplo, quando Viriato está ensinando o patinho a voar, pode-se pensar numa repetição de ensaios que durou "boa parte do dia". Os elementos gráficos que indicam se é dia ou noite precisam ser ressaltados. Sol, lua, estrelas são elementos presentes nas histórias e marcam muito bem o momento do dia. Sol alto e amarelo indica o meio do dia e, vermelho ou alaranjado, próximo do horizonte, é sinal de crepúsculo. Esses elementos gráficos devem ser transformados em palavras.

> Há vários procedimentos para se trabalhar esses conectores: a) um deles já indicamos e testamos: a conversa do professor à medida que a história vai sendo lida pelos alunos (no nosso caso, copiada em transparências e projetada na classe) e comentando os conectores necessários para criar o tempo da história, com destaque para os momentos mais intensos; b) tratando-se de história curta, o professor pode também colocar sob cada imagem o conector temporal necessário para orientar os alunos. Se quiser enriquecer o exercício, poderá conversar com a turma sobre outros conectores que poderiam ser também usados em lugar dos propostos, devidamente escritos no quadro, ficando os alunos livres para escolher aquele que quiser; c) outra estratégia seria escolher uma redação onde faltem os conectores e copiá-la no quadro para que a classe faça uma correção coletiva. Entretanto, deve-se tomar o cuidado de solicitar permissão ao aluno para essa transcrição ou então pedir voluntários que proponham seu texto. Enfim, são procedimentos que poderão ser aperfeiçoados pelos professores.

O estudo dos conectores temporais pode também ser observado nos textos escritos e será de grande proveito, em outra atividade, acompanhá-los no texto, junto com a turma, grifando-os e procurando outras formas escritas de dizer a mesma coisa, a fim de dar ao aluno a visão da riqueza que a língua nos oferece ao contarmos uma história.

Desenvolvimento da capacidade de observação

Nos livros de ilustradores criativos encontramos inúmeros elementos para estimular a capacidade de observação dos alunos. Tanto podemos seguir os passos de personagens secundários nos desenhos como observar detalhadamente o espaço em que se passa a história, um dos componentes básicos na análise de narrativas.

No primeiro caso, encontramos em muitos livros cenas de rua, onde, em momentos diferentes, pessoas ou animais aparecem em situações ligeiramente modificadas. Uma atividade que certamente despertará o interesse dos alunos, pois se coloca como um jogo, é seguir o aparecimento e o percurso da pulga, em *A casa sonolenta*, de Audrey e Don Wood (comentada aqui no quinto capítulo). A pulga é elemento básico para transformar a história, quando pica o rato que dorme tranquilamente sobre o gato. O pulo do rato acaba acordando todo mundo e a história é levada ao seu final. Essa pulga surge no livro muito antes da picada fatal e é um trabalho de minuciosa atenção encontrar seu percurso pelo quarto.

Outro livro rico em personagens secundárias, como já analisamos no quarto capítulo, é *Outra vez*, de Angela Lago. Os professores encontrarão muitos outros livros que podem ser explorados por esse lado, aguçando a capacidade de observação dos alunos, como *Vermelho e verde*, de Liliane e Michele Iaccoca, também comentado neste livro, rico em mudanças na rua quando abre o semáforo. Pode-se mesmo, naquele livro, organizar e fazer um jogo organizando os alunos em grupos: escolhe-se uma cena dupla (quando o sinal está vermelho e o que muda quando fica verde). Dando-se um tempo previamente acordado com a classe, cada grupo deverá escrever num papel a lista de mudanças observadas nas ilustrações. Ganhará o grupo que conseguir observar mais detalhes.

O espaço

Quanto ao *espaço* caberia todo um capítulo na sua exploração, impossível dentro das dimensões de nosso livro. Entretanto, uma das atividades para fazer após a leitura da história é observar os ambientes e lugares onde se passam as cenas. Os espaços podem apresentar muitos detalhes ou serem apenas sugeridos. Entretanto, em qualquer caso, ele é importante na medida em que mostra o deslocamento das personagens para lugares ou ambientes diferentes e estes espaços se ligam fortemente à questão do tempo nas narrativas.

Em "O pato", a história se passa ao ar livre como convém aos animais e particularmente aos gatos (excluídos os de apartamento, coitados...), em parques ou jardins (grama, terra, cercas). No episódio das "aulas de voo" de Viriato, o patinho está num degrau de azulejos, continuado por um piso igual. Onde se localizaria essa cena? Ela poderia estar num degrau de escada para um jardim. Outras opções podem ser sugeridas pela classe. Entretanto, nos textos dos alunos da quinta série, não houve quase nenhuma alusão ao espaço em que se passa a história. Encontramos até mesmo leituras equivocadas: um aluno achou que o patinho foi colocado num muro para pular lá de cima na lição de voo. Enquanto o desenho é bem claro, mostrando que a queda do bichinho foi de um degrau de escada.

> Em livros com pequenos textos, a ilustração é fundamental para mostrar o espaço da história. Durante a conversa com os alunos, na leitura coletiva do livro, deve-se chamar a atenção para os detalhes desses ambientes. Pequenas descrições pontuais (oralmente ou por escrito) podem ser feitas, e devidamente bem entrosadas com as narrativas, para não se transformarem em meras enumerações. Estas podem ser levantadas inicialmente para se ter uma ideia de tudo o que se vê na cena. Em seguida, seria preciso, para não sobrecarregar o texto oral ou escrito, selecionar os aspectos importantes ou reveladores. Por exemplo: a sala de visita da avó de Luciana indica o ambiente de uma pessoa idosa: que elementos seriam esses? Os alunos podem ser estimulados a pensar em salas de suas próprias casas ou de outras pessoas que conhecem, ou mesmo que viram na televisão, em desenhos ou filmes. Todas essas observações podem ser aproveitadas na atenção quanto aos detalhes de ambientes dos livros.

Finalmente, essa observação não se restringe apenas aos desenhos dos livros. Pesquisas podem ser feitas nos textos escritos para serem assinalados os componentes do espaço ali colocados pelo escritor. É um campo amplo para ser tratado a respeito de narrativas.

Diálogos

Se o ilustrador de livros sem texto verbal não usar o expediente dos balões de histórias em quadrinhos, é difícil deixar explícitos os diálogos entre personagens. Alguns gestos e expressões sugerem um diálogo, como o da gata que aponta a boca aberta com a pata, evidenciando que quer o patinho como guloseima. Entretanto, estes recursos são limitados e os diálogos ficam por conta da imaginação dos leitores, que devem escrevê-los na forma habitual dos textos escritos. Assim, um bom exercício de observação e de escrita é pedir que os alunos escrevam os diálogos sugeridos pelas imagens. Por exemplo: na história de Viriato, criar um diálogo entre a gata e Viriato, quando esta pede para comer o patinho. Aliás, alguns alunos de nossa sondagem fizeram isso com muita propriedade.

> Outra sugestão entre os livros analisados por nós está, por exemplo, na conversa de Luciana com a avó na visita ao galinheiro ou quando vão ver as roseiras. Mais ainda: o que teria dito a menina de *Outra vez* quando deu o vaso ao menino? O que este conversou com a Quimera, para convencê-la a trocar o vaso pelos suspiros? Este campo também é amplo de possibilidades de trabalho para o aprofundamento da leitura, tanto com os livros que analisamos como com outros que o professor escolher.

Ampliação de textos curtos

Os livros com pouco textos e ilustração complementadora podem servir para trabalho escrito de ampliação das histórias, acrescentando elementos constantes da ilustração. É uma atividade de língua portuguesa que incluirá, por exemplo, pequenas descrições, indicações de ação que estão nos desenhos mas que não foram referidas pelo texto verbal, diálogos e principalmente as palavras que iniciam a cena (elementos temporais e espaciais sobretudo). Este trabalho poderá ser feito de duas maneiras:

> a) escolher apenas uma cena e ampliá-la com diversos componentes de um texto narrativo, onde entram descrição, as ações, o espaço, o diálogo, o monólogo interior;
> b) introduzir novos elementos importantes em cada cena (duas ou três frases representativas) para cada momento da história. Depois, essa nova história escrita poderá ser digitada, sem as ilustrações, distribuídas para todos os alunos, que terão um novo livro, cuja história é contada verbalmente, o que estimulará as crianças a irem se libertando das imagens que completam a história e a passar a imaginá-la apenas pelas palavras. Um complemento será uma nova ilustração para este livro escrito, se os alunos assim o desejarem.

Dramatização

A divisão das narrativas em sequências e cenas organizam a dramatização de alguns livros, que podem ser transformados em pequenas peças a serem montadas pela classe. O primeiro cuidado na escolha destes livros é a possibilidade de representá-los, quando não apresentam dificuldades de cenários complicados. "O pato", por exemplo, pode ser dramatizado sem maiores dificuldades, considerando sua estrutura pouco complicada, a simplicidade do cenário e a fácil caracterização das personagens, com rosto de gato e alguns outros sinais no corpo. A cena final, quando Viriato e seu patinho saem voando, um complicador cênico, pode ser substituído por um escurecimento do palco, com um fundo branco como cenário, iluminado por trás e onde se representam as silhuetas de Viriato e do patinho voando (feitos de cartolina), como num teatro de sombras. Neste caso, um narrador em *off* conta o final da história, enquanto a cena escurece.

> Para este tipo de dramatização, todas as falas precisam ser previamente escritas em diálogos, comentando as situações, preenchendo as cenas. É um trabalho rico para ser feito com a classe. Também um grupo pode ser escolhido a fim de escrever o *script,* que será apresentado à turma para sua contribuição, com comentários e sugestões para reelaboração de partes do texto e o que mais for necessário. Uma sugestão que facilitará a montagem do texto em forma dramática é introduzir um narrador, que poderá ficar um pouco afastado da cena principal, contando trechos da história. Para simplificar o cenário e embelezá-lo, marcando a passagem do tempo, alunos vestidos de noite, de lua ou de sol (para o amanhecer) criarão um efeito lírico de fantasia durante a encenação da história.

Outra experiência de dramatização, dentre os livros comentados neste trabalho, é "Que bagagem", em *Di-Versos russos*, de Tatiana Belinky. O que proporemos aqui foi testado em forma de coro falado, com momentos de representação de cenas mais marcantes, mas sem cenários, pois foi realizado em um curso para professores numa das aulas, e organizado pelos participantes. Uma encenação mais elaborada poderá ser feita na escola, introduzindo-se alguns elementos de cenário e vestindo-se os participantes de maneira adequada.

Em nossa experiência, seguindo o texto de Tatiana Belinky, tivemos um narrador, um coro, a Madame e dois funcionários. Não fizemos cenário por estarmos em sala de aula, mas este pode ser simples, com alguns elementos que indicam a plataforma de uma estação, que será o palco da representação; ao fundo, um vagão de bagagem (feito de papelão grosso), com portas que devem ser abertas para se colocar dentro dele a bagagem, empilhada no meio do palco.

O lugar dos participantes foram determinados assim: do lado direito ficou o coro, com seis componentes, formados em meio círculo. Coube a cada componente repetir com expressividade um dos nomes da bagagem (sugerimos um timbre de voz e uma expressão para cada coisa); o refrão, "mais um cachorrinho-filhote", foi falado pelos seis ao mesmo tempo para fechar a cena.

O Narrador, cujo papel é importante, foi colocado no outro lado do "palco" (no caso a parte da frente na sala de aula), um pouco afastado das cenas que se desenrolaram no centro (e, para lhe dar destaque poderia ficar sobre um caixote), onde ficaram a Madame, a bagagem e os dois funcionários.

Durante a maior parte da representação a movimentação da Madame e dos funcionários foi muda, representando-se com gestos e expressões as ações contadas pelo narrador. Somente no final, quando a mulher dá pelo sumiço do cachorrinho, ela diz a sua fala, entre enérgica e um tanto histérica. Para isso é preciso uma "atriz" desembaraçada. Da mesma forma os funcionários apresentam suas explicações de forma humilde, com a ajuda do coro que repete as bagagens. Os quatro últimos versos, relatados pelo narrador, podem ser ditos por toda a companhia encerrando-se a representação.

Quanto aos trajes, sugerimos uma Madame vestida mais ou menos como Cláudia Scatamacchia a desenhou, e o mesmo para os funcionários. Quanto ao coro e ao narrador, fica a cargo dos criadores da encenação encontrar um traje discreto para os elementos do coro, mas em cores diferentes, e algo semelhante para o narrador. Finalmente, não será difícil empilhar os componentes da bagagem no centro do palco (depois transferida para o vagão), colocando-se um cachorrinho de pelúcia ou desenhado em cartão numa gaiola e o cachorrão substituto também construído da mesma maneira pelos alunos.

Os professores participantes gostaram do trabalho e se divertiram muito. Naturalmente, esta é uma sugestão que poderá ser modificada e reinventada pelos professores e alunos, para ser representado numa festa da escola, para a comunidade ou outra ocasião que acharem conveniente.

Outro livro comentado no segundo capítulo deste volume é *Uma velhinha de óculos*, de Ricardo Azevedo. A encenação será menos movimentada que a história do cachorrinho-filhote, mas dará a oportunidade para a performance de dois alunos que se apresentarão como os diferentes casais de velhos, em cena muda, representando a fala dos rapazes sentados no bar. No caso é importante a caracterização diferente nos trajes e gestos destes velhinhos imaginados pelos rapazes. O texto pode ser compactado para que as falas dos rapazes não se tornem muito longas e portanto monótonas numa representação.

Para o cenário, pode-se adotar elementos simples que serão mudados de lugar por alunos preparados para isso, como se costuma fazer em montagens de peças, acompanhando a fala de cada um dos rapazes. Estes ficarão no lado direito do palco, a meia-luz, para destacar o desempenho dos casais de velhos. E por que não terminar com uma criação própria da classe, imaginando o seu casal de velhinhos ou outras personagens?

Para terminar, uma outra dramatização poderia ser feita também com a série de Ricardo Azevedo, "Pontos de vista" (Ediouro, 1999). Trata-se de quatro livros em que um cachorro, um gato, uma tartaruga e um sapo moram num mesmo jardim. "Cada um tem sua opinião sobre si e sobre os outros, seus gostos, suas manias, seu jeito de ser" (paratexto da contracapa). O interessante do livro é que Azevedo sabe, como poucos, criar uma linguagem condizente com cada animal. Em *Meu nome é cachorro*, o bicho começa a história dando sua opinião desfavorável do gato:

> *desculpe muito, mas esse gato e nada é a mesma coisa. Esse bichano não serve para coisa nenhuma. Passa o dia dormindo debaixo do sol. Quando acorda, espicha o corpo, boceja e se lambe inteirinho* (p.3-4) e por aí vai.

O cenário é simples e não muda: um jardim. Quatro alunos já colocados meio escondidos nesse cenário, virão ao centro da cena para falar dos outros três animais. A caracterização dos alunos não será difícil com a confecção de roupas, máscaras ou maquiagem que representem os animais presentes. Também, neste caso, o texto pode ser compactado, escolhendo-se as frases mais vivas e características dos animais. E por que não terminar com um quinto animal, vivente do jardim, inventado pelos alunos? A minhoca, uma formiga, um grilo, um ratinho?

Muitos outros livros para crianças, analisados e divididos em sequência e cenas poderão ser transformados em pequenas peças de teatro.

Essas são apenas algumas sugestões sobre o trabalho com a estrutura da narrativa, seu aprofundamento pela observação da ilustração, do tempo e do espaço, entre outros elementos. Nas análises feitas nos capítulos anteriores, os professores encontrarão muitas outras sugestões que poderão aproveitar, a seu modo, nos trabalhos em sala de aula.

Notas

[1] Reproduzidas em *Revista de Quadrinhos*, São Paulo, n.2, 1977.

REFERÊNCIAS BIBLIOGRÁFICAS DE AUTORES E ILUSTRADORES

ALCY. *O peru de peruca.* Ver Junqueira, Sônia.

ALEXANDRINO, Helena. *O Caminho do caracol.* São Paulo: Studio Nobel, 1993. (Coleção olho verde).

_____ *Assombramentos.* Ver Pinsky, Mirna.

_____ *Avental que o vento leva.* Ver Machado, Ana Maria.

_____ *Cotovia.* Ver Villares, Lucia.

_____ *O Bordado encantado.* Ver Perrotti, Edmir.

ALMEIDA, Fernanda Lopes de & GISÉ, Agostinho. *Luciana em casa da Vovó.* São Paulo: Ática, 1985 (Olho Vivo).

_____ *Luciana e a bolsinha nova.* São Paulo: Ática, 1985 (Olho Vivo).

_____ & EDÚ. *A fada que tinha ideias.* 19ª ed. São Paulo: Ática, 1983. (Série Clara Luz). 1ª ed.: 1971.

_____ & ALCY. *A curiosidade premiada.* 6ª ed. São Paulo: Ática, 1981. (Série pique).

AZEVEDO, Ricardo. *Uma velhinha de óculos, chinelos e vestido azul de bolinhas brancas.* São Paulo: Companhia das Letrinhas, 1998.

_____ *Aviãozinho de papel.* São Paulo: Companhia das Letrinhas, 1994.

_____ *Meu nome é cachorro.* Rio de Janeiro: Ediouro, 1999. (Coleção Pontos de vista)

BOAVENTURA, Maria José. *No rastro do gato.* Belo Horizonte: Vigilia, 1988. (Conte esta história).

BELINKY, Tatiana (tradução e adaptação) & SCATAMACCHIA, Claudia. *Di-Versos Russos.* São Paulo: Editora Scipione, 1990.

BORGES, Rogério. *Lá e Aqui.* São Paulo: Studio Nobel, 1995. (Coleção olho verde)

CHAPLET, Kersti, ver François, Paul.

EDÚ, ver Almeida, Fernanda Lopes de. *A fada que tinha ideias*.

FRANÇA, Mary & FRANÇA, Eliardo. *O Vento*. 8ª ed. São Paulo: Ática, 1986. (Coleção Gato e Rato)

_____ *Dia e Noite*. São Paulo: Atica, 1980. (Coleção Gato e Rato)

FRANÇOIS, P. & CHAPLET, K. *Quando Kidogo dorme*; tradução de Lúcia Machado de Almeida. 4ª ed. São Paulo: Ática, 1983. (Série realejo).

FURNARI, Eva. *Traquinagens e estripulias*. 3ª ed. São Paulo: Global, 1986.

_____ *Esconde-esconde*. 2ª ed. São Paulo: Ática, 1984. (Coleção peixe vivo)

_____ *A bruxinha atrapalhada*. 5ª ed. São Paulo: Global, 1987.

GISÉ, Agostinho, *Luciana em casa da Vovó*, ver Almeida, Fernanda Lopes de.

HIRATA, Lúcia. *Um Rio de muitas cores*. São Paulo: Studio Nobel, 1999. (Coleção olho verde)

IACOCCA, Liliana & Michele. *Vermelho e Verde*. São Paulo: Ática, 1994. (Coleção Dentro e Fora)

IACOCCA, Michele. Ver Iacocca, Liliana. *Vermelho e verde*.

JUNQUEIRA, Sônia & ALCY. *O peru de peruca*. São Paulo: Ática, 1988. (Coleção Estrelinha)

LAGO, Angela. *Outra Vez*. Belo Horizonte: Miguilim, 1984.

LEITE, Ricardo. *A menina dos cabelos*. Ver Ortigão, Maria Amélia.

LIMA, Graça. *Noite de Cão*. São Paulo: Paulinas, 1996. (Que história é essa?)

MACHADO, Ana Maria & ALEXANDRINO, Helena. *Avental que o vento leva*. 5ª ed. São Paulo: Ática, 1998. (Coleção Barquinho de Papel)

MACHADO, Ângelo & MELLO, Roger. *Que bicho será que fez a coisa?* Rio de Janeiro: Nova Fronteira, 1996 (Coleção Que bicho será?)

MACHADO, Juarez. *Ida e Volta*. 4ª ed. Rio de Janeiro: Agir, 1986. 1ª ed.: 1976.

MELLO, Roger. *O Gato Viriato*. São Paulo: Ediouro, 1993.

_____ *Que bicho será que fez a coisa?* Ver Machado, Ângelo.

ONO, Walter. *O melhor amigo do melhor amigo*. São Paulo: Klaxon, 1984. (Coleção Mui Amigo)

ORTIGÃO, Maria Amélia & LEITE, Ricardo. Rio de Janeiro: Salamandra, 1993. (Novos contos de fadas)

PERROTTI, Edmir & ALEXANDRINO, Helena. *O bordado encantado*. São Paulo: Paulinas, 1996. (Coleção lua nova. Série fadas & lendas).

PINSKY, Mirna & ALEXANDRINO, Helena. *Assombramentos*. 2ª ed. São Paulo: Paulinas, 1986. (Coleção ponto de encontro. Série algodão doce).

RENNÓ, Regina Coeli. *História de amor*. Belo Horizonte: Editora Lê, 1992. (Coleção imagens mágicas)

SCATAMACCHIA, Cláudia. Ver Belinky, Tatiana, *Di-Versos Russos*.

VILLARES, Lucia & ALEXANDRINO, Helena. *Cotovia*. São Paulo: Paulinas, 1987. Direção Editorial de PERROTTI, Edmir. (Coleção ponto de encontro, Série pega-pega)

WOOD, A. & WOOD, D. tradução de Gisela Maria Padovan. São Paulo: Ática, 1989. 1ª ed. 1984 (Coleção Abracadabra).

YOLANDA, Regina. *Dalila*. São Paulo: Studio Nobel, 1995. (Coleção Pintassilgo)

REFERÊNCIAS BIBLIOGRÁFICAS

AZEVEDO, R. *Como o ar não tem cor, se o céu é azul?* Dissertação de mestrado, 1997.

BACHELARD, G. *L'eau et les rêves*. Paris: José Corti, 1964.

BAUDELOT, C.; CARTIER, M. & DETREZ, Ch. *Et pourtant ils lisent...* Paris: Seuil, 1999.

BRUEL, Ch. Dans la forêt qui cache les arbres. *L'enfant lecteur*. Editions Autrement. Paris, n. 97, mars, 1988. (Série Mutations)

CAGNIN, A . L. *Os quadrinhos*. São Paulo: Ática, 1975.

CAMARGO, L. *Ilustração do livro infantil*. Belo Horizonte: Editora Lê, 1995.

CANDIDO, A. A literatura e a formação do homem. In: *Ciência e cultura*. São Paulo: v. 24, n. 9, 1972.

DAVAINE, Ph. *Apud* Escarpit, D. & Lapointe, J. *Guide des illustrateurs du livre de jeunesse français*. Paris: Salon du Livre de Jeunesse, Editions du Cercle de la Librairie, 1988.

DURAND, M. & BERTRAND, G. *L'image dans les livres pour enfants*. Paris: L'Ecole des loisirs, 1975.

ESCARPIT, D. (coord.). Alocução Introdutória do Seminário *Les exigences de l'image dans le livre pour la première enfance* (Paris, 1972). Paris: Maganrd, 1973. (Lecture en Liberté).

_____ La lecture de l'image: moyen de communication et d'expression du jeune enfant. Paris: *Communication et Langage*, n. 20, 1973.

_____ & VAGNÉ-LEBAS, M. *La littérature d'enfance et de jeunesse*. Paris: Hachette, 1988.

FARIA, M. A. *Parâmetros curriculares e literatura*: as personagens de que os alunos realmente gostam. São Paulo: Contexto, 1999. (Repensando o ensino)

LÉON, R. *Littérature de jeunesse à l'école*. Paris: Hachette, 1994.

LIMA, B. A. *Caminho Suave*. Primeiro livro de leitura. São Paulo: Editora "Caminho Suave", 1979.

MARTINS, M. H. *O que é leitura*. São Paulo: Brasiliense, 1982.

MIYASATO, K. *O papel da literatura infantil no processo de alfabetização*. Dissertação de mestrado, 1996.

MORTATTI, M. R. *O sentido da alfabetização*: (São Paulo/1876-1994). São Paulo: Editora Unesp: CONDEP, 2000.

POSLANIEC, C. *Vous avez dit "littérature"?* Paris: Hachette, 2002. (Encyclopaedia)

POSLANIEC, Ch. & HOUYEL, Ch. *Activités de lecture à partir de la littérature de jeunesse*. Paris: Hachette, 2000.

RABAÇA, C. & BARBOSA, G. *Dicionário de Comunicação*. 2ª ed. São Paulo: Ática, 1987.

SALIBA, E. T. *Raízes do Riso*, a representação humorística na história brasileira: da Belle Époque aos primeiros tempos do rádio. São Paulo: Companhia das Letras, 2002.

SAVELI, E. L. Leitura na escola: crenças e práticas de professoras. *Leitura: Teoria & Prática* /Associação de Leitura do Brasil, v.21, n.340, mar. (2003). Campinas, São Paulo: ALB; Porto Alegre: Mercado Aberto, 2003.

SILVA, J. P. *Novo Manual de Língua Portuguesa*. Curso Médio. Rio de Janeiro, São Paulo e Belo Horizonte: Livraria Paulo de Azevedo & Cia., 1925. (Colleção F.T.D.)

TARKOWSKI, A . *Le temps Scellé*. Paris: Éditions de l'Étoile/Cahiers du cinéma, 1989.

ZILBERMAN, R. *A literatura na escola*. São Paulo: Global, 1981.

_____ *A leitura e o ensino da literatura*. São Paulo: Contexto, 1988.

_____ & SILVA, E. T. *Literatura e Pedagogia;* ponto e contraponto. Porto Alegre: Mercado Aberto, 1990.

CADASTRE-SE
EM NOSSO SITE,
FIQUE POR DENTRO DAS NOVIDADES
E APROVEITE OS MELHORES DESCONTOS

LIVROS NAS ÁREAS DE:

História | Língua Portuguesa
Educação | Geografia | Comunicação
Relações Internacionais | Ciências Sociais
Formação de professor | Interesse geral

ou
editoracontexto.com.br/newscontexto

Siga a Contexto
nas Redes Sociais:
@editoracontexto